Einband: Ein Waorani-Jäger mit seinen Balsaholz-Ohrscheiben, dem traditionellen Schmuck seines Stammes, trägt einen dreieinhalb Meter langen Speer über der Schulter. Das Bild zeigt im Hintergrund große Schlingpflanzen, die wie Girlanden an den hochstrebenden Palmen in seinem Dschungelreich hängen.

Vorsatzblatt: Der Kreis auf dieser Übersichtskarte gibt die ungefähre Lage des Waorani-Territoriums an. Es befindet sich dicht am Äquator, im ecuadorianischen Regenwald. Dieses urtümliche Dschungelgebiet wird allein von Flüssen durchzogen, die von den Ausläufern der Anden kommen, und erstreckt sich über Hunderte von Kilometern.

Völker der Wildnis

Dieser Band gehört zu einer Reihe über die außergewöhnlichen Lebensbedingungen ferner Völker, die sich noch nicht den immer weiter um sich greifenden Zwängen der modernen Welt unterworfen haben.

TIME LIFE BÜCHER

VÖLKER DER WILDNIS
DIE GESCHICHTE DER LUFTFAHRT
DIE SEEFAHRER
DER ZWEITE WELTKRIEG
DIE KUNST DES KOCHENS
DER WILDE WESTEN
HANDBUCH DER GARTENKUNDE
MENSCHLICHES VERHALTEN
DIE GROSSEN STÄDTE
DIE HOHE SCHULE DER HANDARBEIT
DIE WILDNISSE DER WELT
DIE FRÜHZEIT DES MENSCHEN
DIE PHOTOGRAPHIE
DIE WELT DER KUNST
INTERNATIONALE SPEISEKARTE
ZEITALTER DER MENSCHHEIT
WUNDER DER WISSENSCHAFT
WUNDER DER NATUR
JUGENDBÜCHER
DAS GROSSE BUCH DES YACHTSPORTS
DAS GROSSE BUCH DER PHOTOGRAPHIE
LIFE IM KRIEG
LIFE IM KINO
DIE BESTEN PHOTOS AUS LIFE

Dschungelnomaden von Ecuador

Die Waorani

von John Man
und der Redaktion der Time-Life Bücher
Photos von John Wright

VÖLKER DER WILDNIS · TIME-LIFE BÜCHER · AMSTERDAM

TIME-LIFE BÜCHER

Leitung der europäischen Redaktion: Kit van Tulleken
Direktor des Designs: Louis Klein
Direktorin der Photographie: Pamela Marke
Leiterin der Dokumentation: Vanessa Kramer
Direktor der Planung: Alan Lothian
Chefassistentin: Ilse Gray

VÖLKER DER WILDNIS
Chefredakteurin der Reihe: Gillian Boucher
Chefdokumentarin: Jackie Matthews
Bildredakteurin: Jeanne Griffiths
Designer der Reihe: Rick Bowring
Koordination der Reihe: Belinda Stewart Cox

Redaktionsstab des Bandes *Dschungelnomaden von Ecuador*
Textredakteur: John Cottrell
Vertragsautorin: Eluned James
Dokumentation: Elizabeth Loving
Designer: Zaki Elia
Textassistent: Charles Boyle
Redaktionsassistentin: Elizabeth Jones
Assistent des Designers: Paul Reeves

Produktionsstab
Leitung: Ellen Brush
Endkontrolle: Douglas Whitworth
Interredaktionelle Koordination: Jane Lillicrap, Linda Mallett
Bildkoordination: Rebecca Read
Art Department: Janet Matthews
Editorial Department: Debra Lelliott, Sylvia Wilson

Leitung der deutschen Redaktion: Hans-Heinrich Wellmann
Textredaktion: Klaus Habedank, Gisela Meyer

Aus dem Englischen übertragen von
Dieter Beck

Herausgegeben von Time-Life Books B.V.
Ottho Heldringstraat 5, 1066 AZ Amsterdam

ISBN 9-06-182-616-0

Inhalt

Der Autor

John Man, ein früherer Redakteur der Time-Life Bücher, lebt als Schriftsteller in Oxford. Sein Interesse am Amazonasgebiet geht auf Forschungsarbeiten zurück und wurde vertieft, als er einen Band der Time-Life-Reihe *Die Wildnisse der Welt* mit dem Titel *Der Amazonas* herausgab. Unter seinen Sachbüchern verdient ein Bericht über die Herrschaft Idi Amins, *State of Blood,* besondere Beachtung, den er zusammen mit Amins ehemaligem Gesundheitsminister Henry Kyemba verfaßte. Sein erster Roman, *The Lions's Share,* erschien 1982.

Der Photograph

John Wright studierte an der Glasgow School of Art in Schottland sowie an der Cranbrook Academy of Arts in den Vereinigten Staaten. Er hat an zahlreichen Expeditionen nach Afrika und Südamerika teilgenommen, die ihn unter anderem in weit entlegene Gebiete des ecuadorianischen Regenwaldes und über 3500 Kilometer den Amazonas hinunter führten.

Der Berater des Bandes

James A. Yost wurde 1942 in Colorado Springs geboren und schrieb seine Doktorarbeit in Anthropologie an der Universität von Colorado. Seit 1973 lebt er überwiegend in Ecuador, wo er als Forscher und Berater in anthropologischen Fragen für das Summer Institute of Linguistics, eine Missionarsorganisation, arbeitet. Mit den Waorani kam er erstmals im Jahre 1974 in Berührung; seither hat er zusammen mit seiner Familie des öfteren für längere Zeit bei diesem Stamm im Dschungel gelebt.

Der Berater der Reihe

Malcolm McLeod, der Leiter der völkerkundlichen Abteilung des British Museum in London, wurde in Edinburgh geboren. Er studierte Geschichte und Sozialanthropologie in Oxford und hielt sich danach zu Forschungsarbeiten in Afrika auf. Sein Interesse gilt vor allem der Aschanti-Region und anderen Gebieten Ghanas. Er hat am Institut für Soziologie der Universität von Ghana sowie in Cambridge gelehrt. 1981 erschien sein Buch *The Asante.*

Einleitung

Nur wenige Völker dieser Erde leben in größerer Isolation als die Waorani. Ihre Heimat ist ein 21 000 Quadratkilometer großes tropisch-feuchtes und schlangenverseuchtes Dschungelgebiet am Westrand des Amazonasbeckens. Dort, im Herzen des ecuadorianischen Regenwaldes, leben einige kleine Gruppen dieses Nomadenstammes wie schon seit Urzeiten: Sie schlagen Lichtungen frei, um Feldfrüchte anbauen zu können, und nackt durchstreifen sie den Dschungel, wo sie mit ihren Blasrohren und giftigen Pfeilen Jagd auf Affen und Vögel machen.

Bis zur Mitte des zwanzigsten Jahrhunderts lebten die Waorani so abgeschieden, daß sie nicht einmal unter ihrem richtigen Namen bekannt waren. Man nannte sie nur „Aucas", ein Wort aus der Sprache der Quechua-Indianer, das „Wilde" bedeutet. Sie waren wegen ihrer Feindseligkeit gegenüber Fremden gefürchtet und erregten 1956 großes Aufsehen, als Stammesangehörige fünf amerikanische Missionare töteten. Seit dieser Zeit sind die meisten Waorani in ein Reservat übergesiedelt, wo sie immer stärker unter den Einfluß der westlichen Zivilisation geraten. Doch etwa hundert Waorani leben nach wie vor frei im Dschungel, so wie es der Tradition des Stammes entspricht.

Als sich Time-Life zur Herausgabe einer anthropologischen Reihe entschloß, stand fest, daß auch ein Band den Waorani gewidmet werden sollte. Doch das ursprünglich vom Photographen John Wright vorgeschlagene Projekt barg eine Reihe von Risiken. Neben den nicht zu übersehenden Gefahrenquellen wie Schlangen oder Malaria war noch die Möglichkeit eines Angriffs durch die Waorani zu bedenken. Diese Gefahren wurden gemindert, als Wright einen der wenigen Menschen als Mitarbeiter gewann, die sowohl Englisch als auch Waorani sprechen. Es handelte sich um Sam Padilla, den Sohn einer Waorani-Frau, die im Alter von 15 Jahren von ihrem Stamm geflüchtet war. Die nächste Schwierigkeit bestand darin, einen Autor zu finden, der die nötigen schriftstellerischen Qualitäten besaß und auch die körperlichen Voraussetzungen mitbrachte, im Dschungel zu leben und zu arbeiten. Unsere Wahl fiel auf John Man; und für den späteren Teil des Unternehmens kam James Yost als Verstärkung dazu, ein amerikanischer Anthropologe, der weltweit als *die* Autorität für diesen Stamm gelten darf.

Mit Padillas Hilfe nahmen Man und Wright Kontakt zu einer Gruppe von 42 Waorani auf, die an einem abgelegenen Abschnitt des Cononaco-Flusses leben. Bei dieser Gruppe verbrachten sie zwei Monate, zogen mit ihnen auf die Jagd und wurden Zeuge, mit welchem Geschick es den Waorani gelang, im Dschungel zu überleben. Vor allem lernten sie aus eigener Anschauung das bemerkenswert friedliche Leben dieser angeblich so grausamen Wilden kennen. „Am Anfang", sagt John Man, „hatte ich Alpträume von einer ‚grünen Hölle' und litt unter beständiger Angst vor Schlangen und den unzähligen Insekten. Zuletzt sah ich in der Welt der Waorani eher einen Garten Eden – nicht etwa ein Paradies des Wohlstands, sondern eine Oase, die noch unberührt von den künstlichen Normen und Verhaltensmustern ist, die in unserer Welt mehr und mehr das Maß aller Dinge geworden sind."

Die Herausgeber

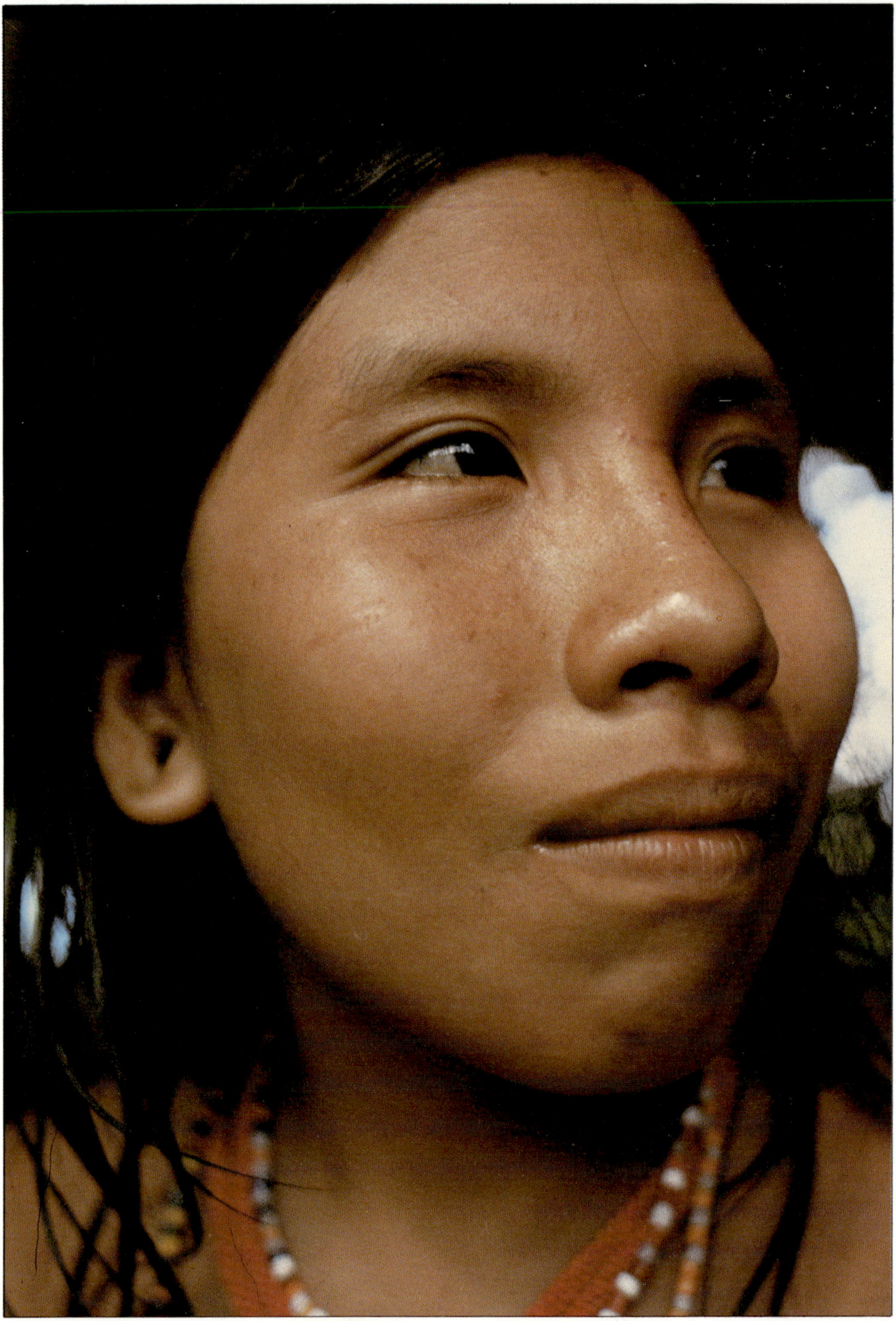

Eins | Eine steinzeitliche Kultur

Es war mein erster Flug in den Regenwald des Amazonas, und ich konnte ein Gefühl der Unruhe nicht ganz unterdrücken. Die schutzverheißenden Berge der Anden lagen schon weit hinter uns; eingehüllt in dahintreibende Wolken, die sich an ihren Hängen wie Brandungswellen im Zeitlupentempo brachen, entzog sich die Bergkette nahezu vollständig unseren Blicken. Rechts von mir, etwa 90 Kilometer weiter südlich, konnte ich riesige, vom Wind gepeitschte Schneewirbel erkennen, die sich vom 5300 Meter hohen Gipfel des Sangay – einem der aktivsten Vulkane der Erde – horizontal ausbreiteten. Zu meiner Linken, nach Norden hin, waren in sägeförmig gezackter Linie andere Vulkangipfel zu erkennen – Cayambe, Cotopaxi und Antisana. Dahinter, eingebettet in zwei parallel verlaufende Bergketten, erstreckte sich das weitgehend erschlossene Hochland Ecuadors, eine offene Landschaft, die Sicherheit und Ruhe versprach. Doch unmittelbar vor uns lag üppig bewaldet die gefährliche Wildnis, die erst 3200 Kilometer weiter, am Atlantischen Ozean, endete.

Mit meiner gecharterten einmotorigen Maschine befand ich mich auf dem Flug nach Osten, eineinhalb Breitengrade südlich des Äquators. Gelegentlich sah ich lehmig-braune Flüsse sich über die Vorberge hinunterschlängeln; ansonsten jedoch wurde das Bild der Landschaft von Dschungelgrün bestimmt, dessen Schattierungen im Schatten der Wolken so zahllos waren wie die Furchen und Rillen eines flutumspülten Sandstrandes. Das Land unter mir war von Menschen so dünn besiedelt wie die Arktis, doch gab es in dieser Wildnis eine erstaunliche Vielfalt von Tieren: Dort lebten Gürteltiere, Tapire, Ameisenfresser, an die drei Dutzend Affenarten, mehr als 15 000 verschiedene Insekten sowie Vögel in Millionenzahl, von exotisch anmutenden, nur bienengroßen Kolibris bis zu Königsgeiern mit ihren krummen Schnäbeln.

Was mir unablässig im Kopf herumging, waren die Gefahren, die hier auf mich lauerten: Jaguare, Vampir-Fledermäuse, Piranhas und fünfzig oder mehr Schlangenarten, darunter die bis zu elfeinhalb Meter lange Anakonda; außerdem schreckte mich der Gedanke an die schwierigen Lebensbedingungen im tropischen Regenwald, wo pro Jahr im Durchschnitt Niederschläge von ungefähr drei Meter Höhe zu verzeichnen sind und wo bei entsprechender Luftfeuchtigkeit nahezu konstant Temperaturen zwischen 20° C und 30° C herrschen. Lange vor mir

schon hatten europäische Forscher die Welt dort unten als „grüne Hölle" beschrieben, und mir war bewußt, daß nur selten jemand eine Notlandung in diesem unendlich großen, unwirtlichen Waldgebiet überlebt hatte.

Mehr als alles andere allerdings trug der Zweck unseres Fluges zu meiner Unruhe bei. Zusammen mit dem Photographen John Wright hatte ich nämlich vor, zwei Monate bei südamerikanischen Indianern zu leben, genauer gesagt bei einem halbseßhaften Stamm, der einst wegen seiner Grausamkeit gefürchtet war. Auch jetzt noch bewegen sich diese Indianer wie ihre Vorfahren nackt durch den Dschungel. Mit hölzernen Blasrohren und Giftpfeilen machen sie Jagd auf Affen und Vögel, und sie verwenden Holzspeere, um Wildschweine zu erlegen. Die 650 Angehörigen dieses Stammes bezeichnen sich selbst als „Waorani", was einfach „Menschen" bedeutet. Unter dieser Bezeichnung sind sie jedoch außerhalb ihrer engeren Umgebung wenig bekannt. In Ecuador und weit über seine Grenzen hinaus nennt man sie auch heute noch eher abschätzig „Aucas", das heißt Wilde. Diesen Namen hatten ihnen vor langer Zeit die Quechua-Indianer gegeben, das bedeutendste Eingeborenenvolk Ecuadors.

Ohne Zweifel hatten die Waorani den Namen „Aucas" früher zu Recht getragen. Aus den vor Ort durchgeführten Untersuchungen des amerikanischen Anthropologen James Yost wissen wir, daß bei den Waorani über Generationen hinweg mörderische Fehden wüteten und Racheakte in so großer Zahl an der Tagesordnung waren, daß der Rachetod durch den Speer ungefähr 40 Prozent der Todesfälle ausmachte. Darüber hinaus standen die Waorani in dem Ruf, ältere Stammesangehörige mit dem Speer zu töten, wenn diese nicht länger für sich selbst sorgen konnten. Auch Kindermord wurde von ihnen praktiziert – man erdrosselte unerwünschte oder mißgestaltete Babys mit Kletterpflanzen oder begrub sie nicht selten bei lebendigem Leibe. Noch bis weit ins 20. Jahrhundert pflegten sie Eindringlinge zu töten oder sich vor ihnen in das 21 000 Quadratkilometer große tropische Urwaldgebiet zurückzuziehen, das zwischen Napo und Curaray, zwei Nebenflüssen am Oberlauf des Amazonas, liegt.

Im Jahre 1956 erregte dieser allen Fremden gegenüber so furchtsame Stamm beträchtliches Aufsehen in der Weltöffentlichkeit, als fünf junge amerikanische Missionare umgebracht wurden. In Berichten der ausländischen Boulevard-Presse wurden die Waorani als „blutrünstige Aucas ... das roheste und primitivste Volk der Erde" bezeichnet. Zwei Jahre später jedoch ließen sich die Waorani nach einem erneuten Missionierungsversuch amerikanischer Geistlicher dazu bewegen, ihren Frieden mit der übrigen Welt zu schließen. In den späten sechziger Jahren begann man im Nordwesten des Waorani-Gebietes größere Erdölvorkommen zu erschließen, und auf Anraten der Missionare siedelten viele Stammesangehörige nach Südwesten in ein ihnen vorbehaltenes Reservat über. Dabei handelte es sich um ein Waldgebiet von ungefähr 1600 Quadratkilometer Größe, das Ecuador zum „Auca- Protektorat" erklärt hatte.

Dort leben seit Anfang der achtziger Jahre etwa 550 Waorani – in der Mehrzahl nun christianisiert. Doch war das Protektorat nicht unser Ziel. Unser Flug sollte uns weiter nach Osten führen, zum Unterlauf des Cononaco, eines gewundenen Flusses, der mitten durch das Waorani-Gebiet verläuft und schließlich in den Curaray einmündet. Dort wollten wir einige Zeit mit den etwa 100 Waorani leben, die sich nicht in das Protektorat begeben hatten. In Kilometern ausgedrückt, war unsere Reise kaum der Rede wert: ein Flug von knapp 200 Kilometern von Shell-Mera aus, einem Militärstützpunkt am westlichen Rand der Waldregion Ecuadors, die man mit dem Namen „Oriente" bezeichnet. Kulturell gesehen jedoch stellte sie einen gewaltigen Sprung zurück in eine Welt dar, an der Jahrhunderte des Wandels spurlos vorübergegangen waren.

Nach unserer Landung würden wir uns unter Menschen befinden, die nicht weiter als zehn zählen konnten, denen die Kunst des Schreibens fremd war, die keinerlei Vorstellung von Rang, Status oder Klasse besaßen, geschweige denn ein formales Rechtssystem, und deren Geschichtsbewußtsein ganz anders ausgerichtet war. Wir würden uns unter Menschen befinden, die im Einklang mit seit Jahrhunderten praktizierten Gewohnheiten polygam leben, außer einem eng um die Hüfte geschlungenen Baumwollband keine Bekleidung kennen, die in Hütten aus Baumstämmen und Palmblättern wohnen und deren Lebensraum der tropische Regenwald ist, den sie auf der Suche nach neuen Jagdgründen oder Anbaugebieten für eßbare Pflanzen durchstreifen.

Mit Hilfe eines von Missionaren zusammengestellten Grammatikbüchleins und einer Zusammenstellung von ein paar Dutzend „nützlichen" Waorani-Ausdrükken hatte ich mir ein wenig Zugang zur Sprache zu verschaffen versucht. Es beruhigte mich wenig zu wissen, daß die folgenden Redewendungen als unverzichtbar für jeden galten, der sich in das Gebiet der Waorani vorwagte: „Töte mich nicht mit dem Speer!" Und: „Schone mein Leben!" So stützte ich meine Zuversicht darauf, daß John Wright und ich von zwei der an einer Hand abzuzählenden Menschen auf dieser Erde begleitet wurden, die sowohl des Englischen als auch der Waorani-Sprache mächtig waren.

Wenige Wochen später sollte sich uns dann noch Jim Yost anschließen, der drahtige, rotbärtige Anthropologe, der sieben Jahre lang Forschungen über die Waorani betrieben hatte: Sprache sowie Sitten und Gebräuche waren von ihm festgehalten worden, und ganz allgemein fungierte er als Vermittler zwischen den Waorani und der Außenwelt. Für die Übergangszeit stand uns auf dem Flug zum Cononaco als Dolmetscher und Führer Sam Padilla zur Seite, den wir in Quito, der Hauptstadt Ecuadors, kennengelernt hatten.

Sam war für diesen Job geradezu prädestiniert. Er war der Sohn Dayumas, einer Waorani-Frau, die als Mädchen ihren Stamm verlassen hatte und in der Folgezeit erstmals eine beständige Verbindung zwischen den Waorani und der Außenwelt hatte herstellen helfen. Mit finanzieller Unterstützung amerikanischer Missionare hatte Sam eine Ausbildung in Ecuador und den USA erhalten und war 1974 nach Quito zurückgekehrt. Später kam er dann, zunächst als Verbindungsmann für eine

Tief im Regenwald Ecuadors mündet der schlammführende Tiguino (unten) in den ebenso lehmigen Cononaco, einen Nebenfluß des oberen Amazonas. Der Cononaco mit seinen zahllosen Windungen verläuft im südlichsten Zipfel des Waorani-Gebiets.

Ölgesellschaft, in das Cononaco-Gebiet. Im Laufe der Zeit brachte ihn seine Tätigkeit immer wieder in Kontakt mit dem Stamm seiner Mutter, und er machte es sich zur Aufgabe, sich für die Waorani-Traditionen einzusetzen.

Im November 1977 kam es im Waorani-Gebiet zwischen den Stammesangehörigen zu Ausschreitungen, und 40 Waorani nahmen dies zum Anlaß, weiter nach Süden zu ziehen und sich am Cononaco niederzulassen, wo sie, so hatte Sam ihnen versichert, große Wildbestände vorfinden würden. Sie faßten solches Vertrauen zu Sam, daß sie ihm für seine gelegentlichen Besuche eine Hütte errichteten.

Sam konnte seine Verbindung zu dieser isolierten Stammesgruppe aufrechterhalten, da das Gebiet des Cononaco außerhalb des Protektorats der einzige von den Waorani bevölkerte Landstrich war, der Flugzeugen eine ausreichende Landemöglichkeit bot: eine Landebahn, die der Suchtrupp einer ecuadorianischen Ölgesellschaft Anfang der siebziger Jahre angelegt hatte. Seitdem hat sie insbesondere amerikanischen Missionaren gute Dienste geleistet, wenn sie mehrmals im Jahr einfliegen, um die Waorani ärztlich zu betreuen.

Da Fremde ihnen stets Geschenke mitzubringen pflegten, nahmen die Waorani die Ankunft kleiner Flugzeuge durchaus freundlich auf und bezeichneten sie wegen des summenden Geräusches ihrer Motoren als „Nashornkäfer". Sowohl Yost als auch Padilla vermittelten mir so das Gefühl, daß man uns mit spontaner Herzlichkeit empfangen würde.

Unser Flug dauerte bereits beinahe eine Stunde, als wir den breiten und gewundenen Flußlauf des Curaray von oben erspähten. In einiger Entfernung, und zwar zu beiden Seiten unserer Flugstrecke, bildeten örtliche Schauer über einer Länge von ein bis zwei Kilometern dichte Regenvorhänge. Nur wenige Minuten später kam der Cononaco in unser Blickfeld, ein ockerfarbenes Band, das sich, den nicht näher erkennbaren Geländebedingungen entsprechend, in engen Windungen durch die Landschaft schlängelte. Kleine, sichelförmige Seen verrieten, wo durch die Strömung Teile des Flusses abgetrennt worden waren. An anderen Stellen ließ niedrige Sumpfvegetation erahnen, wo vielleicht jahrhundertealte Seen dem Wald wieder hatten weichen müssen.

„Aucas!"

Über das Geräusch des Motors hinweg hörten wir Marcello, den ecuadorianischen Piloten, plötzlich diesen Namen rufen. Er zeigte nach unten. Unmittelbar unter uns, am nördlichen Ufer des Cononaco, sahen wir drei Palmdachhütten, die entfernt an Heuschober erinnerten. Etwa anderthalb Kilometer weiter, wo der Cononaco eine Schleife bildete, entdeckten wir auf der anderen Seite des Flusses zwei weitere Hütten, die das entfernte Ende einer 550 Meter langen schotterbedeckten Landebahn markierten. Als wir zur Landung ansetzten, liefen Leute aus den Hütten und winkten uns zu; sie blieben am Rande der Schneise stehen, um uns zu begrüßen. Unmittelbar vor ihnen kam das Flugzeug zum Stehen.

Die Gruppe der Waorani setzte sich aus einem männlichen Stammesangehörigen, zwei Frauen und fünf Kindern verschiedenen Alters zusammen. Die Erwachsenen und ein Junge von etwa zehn Jahren trugen Baumwollbänder eng um die Hüften geschlungen. Alle hatten kleine, aber feste Bäuche und machten einen gesunden Eindruck. Als sie näher kamen, bemerkte ich allerdings eine Mißbildung bei der älteren der beiden Frauen. Ihr rechter Fuß war stark nach innen gedreht, und die halbe Wade fehlte – eine Mißbildung, die sie, wie ich später erfuhr, als Kind von einem Schlangenbiß davongetragen hatte.

Die ältere Frau trug ein kleines Kind in einer Trageschlinge aus Baumrinde fest gegen die Brust gedrückt und blieb zunächst in einigem Abstand hinter den anderen zurück. Die Jüngere dagegen kam sogleich auf mich zu und streichelte meinen Arm in einer Weise, die Neugier, zugleich aber Zutrauen auszudrücken

Auf einer nebelverhangenen Lichtung dicht am Cononaco befindet sich die Hütte Kadowaes (kleines Bild), seiner zwei Frauen und fünf Kinder. Sie hatten dort etwa sechs Monate gelebt, bevor sie weiterzogen und an einem anderen Ort eine neue Hütte errichteten.

schien. Der Mann lächelte, wobei seine Zahnlücken sichtbar wurden, und begrüßte mich auf die gleiche Art. Einem alten Brauch folgend, hatte er – wie es auch heute noch viele Männer der Waorani tun – die Vorhaut unter sein Hüftband gesteckt. Er war ungefähr 30 Jahre alt, 1,50 Meter groß, hatte struppig zerzaustes Haar, einen eher strähnigen Schnauzbart und einen vorspringenden Unterkiefer. Von Sam erfuhr ich, daß der Mann Kadowae hieß und es sich bei den beiden Frauen, Nyawadae und Kakade, um seine Ehefrauen handelte. Sie waren Schwestern, die eine etwa 27, die andere an die 20 Jahre alt. Nyawadae, die ältere, hatte drei Töchter und einen Sohn, doch bei dem an der Brust getragenen Kind handelte es sich um Kakades erstes Kind. Die gesamte Waorani-Familie, die einzige übrigens am südlichen Ufer des Cononaco, lebte in einer der beiden Hütten am Rande der behelfsmäßigen Rollbahn.

Beide Hütten waren einfach gebaut: Gut zwei Meter hohe, dicke Pfähle bildeten ein Gerüst, das dünne Baumstämme stützte, die, teils nach innen gebogen, teils senkrecht stehend, ein giebelförmiges Dach ergaben. In der Mitte erreichte es eine Höhe von vier Metern und war mit Palmwedeln bedeckt. Die Maße der Hütte lagen bei etwa fünfeinhalb Metern in der Länge und fünf Metern in der Breite, und der einzige Zugang bestand in einer rechteckigen Öffnung, die als ständig offene Tür diente. Die zweite Hütte, unbewohnt und völlig leer, hatte man ein Jahr zuvor für Sam errichtet. Damals lebten 40 Waorani in acht Familien in der näheren Umgebung; ihren Lebensunterhalt bestritten sie durch Jagen und den Anbau von Obst und Gemüse auf den in der Nähe ihrer Hütten gelegenen Lichtungen. Vor nicht allzu langer Zeit waren sieben Familien, wie es für eine schweifende Lebensweise charakteristisch ist, weiter zum Nordufer des Cononaco und tiefer ins Landesinnere gezogen, um dort neues Land zum Anbau der Mehlbanane urbar zu machen. Außerdem wollte man Erdnüsse anbauen, vor allem aber Maniok, die stärkehaltige Tropenwurzel, welche den Waorani als Grundnahrungsmittel dient. Nur Kadowaes Familie war noch zurückgeblieben.

Kadowae half uns, Vorräte auszuladen und in Sams Hütte zu verstauen. Unmittelbar danach hob Marcello wieder ab, in Richtung Westen, zurück nach Shell-Mera, von wo er vor Ablauf von drei Wochen nicht zurückkehren würde. Selbst die Tatsache, daß wir kein Radio besaßen und bei Krankheit oder in anderen Notfällen keine Hilfe anfordern konnten, beunruhigte mich nicht sonderlich. Dies war nicht die „grüne Hölle", die ich erwartet hatte. Die Luft war schwül, aber nicht unerträglich drückend; zwar summten winzige Fliegen um uns herum, doch gab es keine lästigen Moskitoschwärme. Im übrigen schienen uns die Waorani freundlich und hilfsbereit aufnehmen zu wollen. Mein Wohlbefinden wurde lediglich durch einen eher peinlichen Umstand beeinträchtigt. Die Nacktheit Kadowaes und seiner Familie schien vollkommen natürlich; um so merkwürdiger und einigermaßen fehl am Platz kam ich mir in meinem langärmeligen Hemd, den Baumwollshorts und den Segeltuchstiefeln vor.

Plötzlich drangen von der anderen Seite des Flusses schrille Schreie zu uns herüber. Waorani am Nordufer des Flusses hatten unsere Ankunft aufmerksam beobachtet und schwammen nun über den Fluß, um uns willkommen zu heißen. Als erste erreichten zwei junge Mädchen das Ufer, beide knapp 1,50 Meter groß und beinahe so stämmig wie Sumo-Ringkämpfer. Ihnen folgten zwei halbwüchsige Jungen, ein Mann und zwei Frauen zusammen mit einem halben Dutzend jüngerer Kinder. Alle waren eher klein gewachsen, mit langem, schwarzem Haar, das ungekämmt in die Stirn hing. Wie Kadowaes Familie machten sie einen bemerkenswert gesunden Eindruck, wobei man ihre Zähne allerdings ausnehmen mußte. Sofern sie nicht abgebrochen waren oder ganz fehlten, schienen sie schwarz und in sehr schlechtem Zustand zu sein.

Ungehindert drängten sie sich in Sams Haus und beobachteten uns unter allerlei Reden und Lachen beim Auspacken. Bisweilen imitierten sie einzelne englische Wörter, die sie uns hatten verwenden hören. Ich zeigte ihnen meine Hängematte, und Kadowae versuchte mir zu erklären, wie diese an den Querbalken der Hütte zu befestigen sei: Er breitete sie auf dem Boden aus, konnte sie aber aufgrund seiner geringen Körpergröße an den über zwei Meter hohen Balken nicht befestigen, ohne an einem der senkrecht stehenden Pfosten hochzuklettern. Für mich dagegen war das ein Kinderspiel, was bei allen Anwesenden einige Belustigung hervorrief. Als ich dann mit der Zunge schnalzte und seufzte, weil ich mich nicht entscheiden konnte, wo ich meinen Tornister aufhängen wollte, antwortete mir aus allen Ecken ein schnalzendes und seufzendes Echo.

Es war nun schon später Nachmittag. Über uns wölbte sich der Himmel blau, während er zum westlichen Horizont hin ein durchsichtig schimmerndes Blaugrün aufwies und schließlich in einen rosa Farbton überging. In unmittelbarer Nähe flogen kreischend drei goldgelbe Aras über unsere Köpfe hinweg, und die Luft war erfüllt vom ununterbrochenen Summen der Insekten, das in regelmäßigen Abständen durch den eher traurigen, an den Klang von Glocken erinnernden Ruf des Steißhuhns unterbrochen wurde, eines Vogels, der unserer Wachtel ähnelt. Wenig später machten sich alle Waorani, bis auf Kadowae und seine Familie, auf den Weg zum anderen Flußufer.

Da der Sonnenuntergang in Äquatornähe stets gegen 18.30 Uhr einsetzt, mußten sie den Weg nach Hause bis dahin zurückgelegt haben. Von Sams Haus konnte man den Cononaco nur über eine steile, sechs Meter hohe Uferböschung aus rötlichem Ton erreichen, in die man in unregelmäßigen Abständen einige Stufen geschlagen hatte. Der Fluß selbst war gut 50 Meter breit und recht tief; seine reißende Strömung wurde nur an den Stellen unterbrochen, wo sich Strudel um tote Baumstämme herum bildeten, die sich im Schlamm des Flußbettes festgesetzt hatten. Ein Starkstromkabel – noch ein Überbleibsel der kurzen Anwesenheit der Ölgesellschaft – überspannte den Fluß und war auf beiden Ufern an Holzpfosten befestigt. Man konnte den Fluß überqueren, indem man sich am Kabel festhielt, oder aber, was schneller ging, ungefähr 20 Meter weiter flußaufwärts hinüberschwimmen und sich erst in der Flußmitte des Kabels bedienen, nachdem einen die Strömung dorthin getragen hatte. In diesem Abschnitt befand sich das Kabel bereits einige Zentimeter unter der Wasseroberfläche. Als geübte Schwimmer bevorzugten unsere Waorani-Besucher allesamt den zweiten Weg.

Während John und ich sie zum Flußufer begleiteten, ergriff einer der kleinen Jungen meine Hand und ein anderer betastete meine Shorts. Gern wäre ich ihnen gefolgt und hätte mir ihre kleine Siedlung, die vom Flußufer aus etwa zwei Kilometer weiter nördlich gelegen war, angesehen, doch wurde es zu rasch dunkel. So verschob ich mein Vorhaben auf den nächsten Tag. Wir richteten uns für die Nacht in unseren Hängematten ein und lauschten dem fernen Donner und dem Quaken eines Frosches im nahen Unterholz. Noch einmal überdachte ich die Eindrücke des verflossenen Tages: Ich rief mir die spontane Herzlichkeit des Empfangs durch die wenigen Waorani ins Gedächtnis, die ich bisher kennengelernt hatte. Es hatte keine finsteren Mienen gegeben, nichts von Unruhe oder Streitereien war zu bemerken gewesen. Im Augenblick schienen meine Vorurteile über den gewalttätigen Charakter der Waorani, wofür es ohnehin nur wenige Zeugnisse gab, vollständig widerlegt.

Weder Außenstehende noch die Waorani selbst wissen etwas von den Ursprüngen des Stammes. Ich kenne keinerlei mündliche oder schriftliche Überlieferung, und auch auf archäologische Funde kann man in dieser Frage nicht zurückgreifen. Von

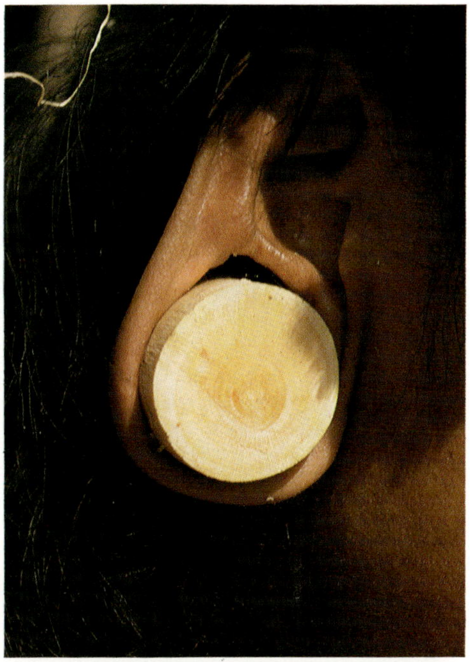

Durch ihren Ohrschmuck aus Balsaholz, der durch eine Öffnung im Ohrläppchen gezogen wird, unterscheiden sich die Waorani von ihren Nachbarn. Im Alter von acht Jahren werden den Kindern die Ohren mit einem Dorn durchstochen. Später wird das Loch vergrößert, indem man zusammengerollte Blätter, dann Holzstückchen und schließlich drei bis fünf Zentimeter große Balsascheiben einführt.

Die Heimat der Waorani

Der etwa 600 Mitglieder umfassende Stamm der Waorani bewohnt eine unkartierte Region des ecuadorianischen Regenwaldes, die von zahllosen Nebenflüssen des Amazonas durchzogen wird. Der Pfeil auf der kleinen Karte rechts kennzeichnet die Lage ihres Dschungelterritoriums und die Nordwest-Richtung, in der die große perspektivische Karte (unten) zu sehen ist. Die meisten Waorani haben sich in einem 1600 Quadratkilometer umfassenden Protektorat niedergelassen, das 1969 von der Regierung Ecuadors für sie eingerichtet worden ist und wo sie von Missionaren betreut werden. Aber etwa hundert Waorani, die sich in drei Einzelgruppen aufgeteilt haben und weiterhin ihre traditionelle Lebensweise als Jäger und Sammler führen, streifen durch den dichten Wald im Osten des Protektorats. Die Lage des Gebiets, in dem sich die kleinste dieser Gemeinschaften niedergelassen hat, ist nicht genau bekannt. Die beiden anderen Gruppen haben etwa 50 Kilometer voneinander entfernt ihre Hütten in Waldlichtungen errichtet: die eine in der Nähe eines ehemaligen Flugfeldes einer Ölgesellschaft neben dem Fluß Cononaco, die andere weiter nördlich bei Dyowetomi und Yasuni.

ECUADOR
SÜDAMERIKA
N
Napo
Limoncocha
yowetomi-
iedlung
Yasuni-
Siedlung
Nashino
Yasuni

den Waorani selbst erfährt man lediglich, sie seien „vor langer Zeit vom unteren Flußlauf" gekommen. Eine Theorie geht dahin, daß die Waorani im 16. oder 17. Jahrhundert in Ecuador auftauchten, im Zuge der großen Völkerwanderung von Stammesgruppen aus dem zentralen oder östlichen Amazonasgebiet. Diese Wanderung war eine unmittelbare Folge des Eindringens europäischer Siedler und Schatzsucher, die raubend und plündernd den Kontinent durchstreiften und dabei gefährliche Infektionskrankheiten verbreiteten. Aber es ist freilich auch denkbar, daß die Waorani sich schon wesentlich früher im ecuadorianischen Regenwald angesiedelt und dort schon Jahrhunderte vorher in völliger Isolation von der Außenwelt gelebt hatten.

Das extreme Ausmaß ihrer Isolation läßt sich unter anderem an ihrer Sprache ablesen, die keinerlei Beziehungen zu anderen Sprachen in Amazonien aufweist. Ein weiterer Hinweis liegt auch in der Tatsache, daß der Name ihres Stammes Außenstehenden bis zur Mitte des 20. Jahrhunderts unbekannt blieb, als Missionare erstmals Kontakte zu Stammesangehörigen aufnahmen. Aus mündlich überlieferten Erzählungen der Waorani können wir jedoch mit Sicherheit schließen, daß sie im späten 19. Jahrhundert am westlichen Rande des Amazonasbeckens lebten, zu einer Zeit also, als sie, ebenso wie andere Stämme, unter der wachsenden Zuwanderung von Fremden zu leiden hatten. Viele dieser Eindringlinge ermordeten Indianer, wo immer sie ihrer ansichtig wurden, und diejenigen Weißen, die den kautschukreichen Regenwald ausbeuten wollten, ließen die Eingeborenen nicht selten als Sklaven auf ihren Plantagen arbeiten.

Die Waorani gewannen allmählich die Überzeugung, alle Fremden seien Kannibalen. In einer auch heute noch weit verbreiteten Geschichte wird von einem magischen „Ding" berichtet, das sich im Besitz der Fremden befinde und von Menschenfleisch und Blut lebe. Man sagt, es mache einen Höllenlärm, und immer, wenn es hungrig sei, schneide der weiße Mann Fleisch aus dem Körper eines Waorani heraus und spritze das Blut mit den Worten „dies ist dein Anteil" über die Zaubermaschine. Aus der Beschreibung wird deutlich, daß es sich bei dem „Ding" um einen Generator handelte, der auf einer Plantage in Betrieb war, wo Waorani als Sklaven arbeiteten. Das Blut war in Wirklichkeit rotes Dieselöl.

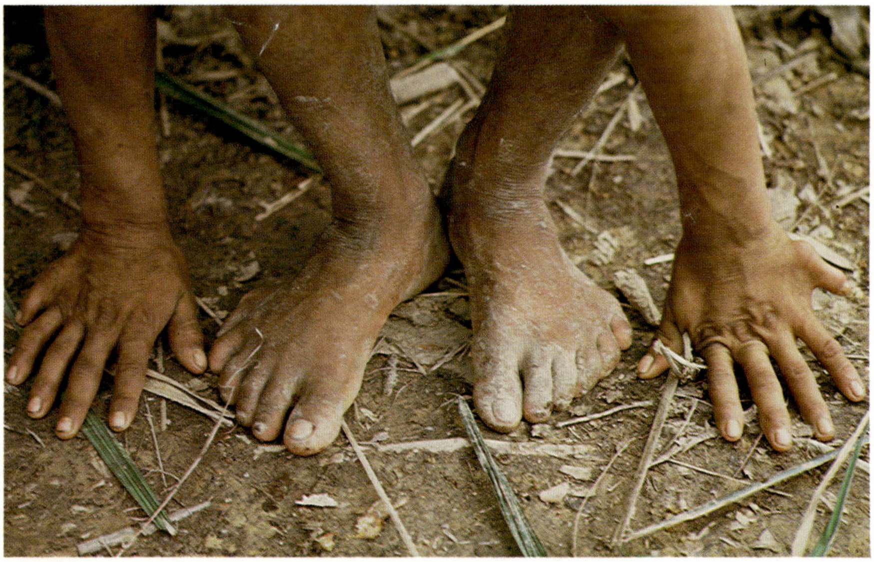

Die ungewöhnliche Zahl von Fingern und Zehen bei diesem Mann – eine genetisch bedingte Abweichung, wie man sie bei manchen Waorani findet – ist als Folge von Inzucht anzusehen. In den kleinen Gemeinschaften von ein paar Dutzend Menschen sind die Heiratsfähigen bereits miteinander verwandt.

Dayuma, die Mutter unseres Dolmetschers, lebt jetzt im Protektorat und erinnert sich noch sehr lebhaft daran, wie sie früher Angst und Schrecken vor der Außenwelt empfand, die sie von teuflischen Menschenfleisch-Essern bevölkert glaubte. Als Kind, in den dreißiger Jahren, hatte man ihr erklärt, alle Nicht-Waorani seien Kannibalenmonster mit hervortretenden Augen wie Kapuzineraffen und Händen wie Fröschen. „Manchmal sagten unsere Eltern auch, Fremde mit ihrer eher runden Gesichtsform und dem kurzen Haar seien Söhne der Anakondas. Mit solchen Vorstellungen wuchsen wir auf."

Im Laufe der Zeit jedoch trat bei Dayuma an die Stelle der Furcht vor der Außenwelt eine noch größere Angst vor ihrem eigenen Volk. Mit etwa 15 Jahren mußte sie 1947 fliehen, nachdem zuvor ihr Vater, ihre kleine Schwester und ihr Großvater bei einer grausamen Familienfehde ums Leben gekommen waren. Sie entkam mit einem Kanu den Curaray herunter und traf auf eine Gruppe von Quechua-Kautschuksammlern, die für einen gewissen Señor Carlos Sevilla arbeiteten, den wohlhabenden Besitzer einer Plantage an der Westgrenze des Waorani-Territoriums. Man nahm Dayuma mit, praktisch als Sklavin, und fortan ließ Don Carlos sie auf seinen Feldern arbeiten. 1952 bekam sie von seinem Sohn Vicente ihr erstes Kind: einen Jungen namens Ignacio, später umbenannt in Sam. Bald darauf heiratete sie Miguel Padilla, einen Quechua-Arbeiter auf der Plantage, und brachte ein zweites Kind zur Welt. Doch innerhalb nur eines Jahres starben ihr Mann und das Kind an Masern, einer Krankheit, gegen welche die Indianer über wenig oder überhaupt keine Abwehrkräfte verfügen.

Zu dieser Zeit besaß Dayuma noch vage Erinnerungen an ihre alte Waorani-Sprache, die sich nun mit ihrer frisch erworbenen Kenntnis des Quechua und des Spanischen vermischte. So gab es einen ersten Schlüssel für Fremde, der ihnen Zugang zu der verschlossenen Welt des als „Aucas" bekannten Stammes schaffen konnte. Im Februar 1955 lernte sie auf der Plantage Rachel Saint, eine engagierte Missionarin, kennen. Rachel arbeitete für die Wycliffe-Bibelübersetzer, eine mit großen finanziellen Mitteln ausgestattete amerikanische Organisation, die es sich in Verbindung mit ihrer Schwesterorganisation, dem Summer-Institut für Sprachforschung, zum Ziel gesetzt hat, die Bibel in alle Sprachen der Welt zu übersetzen. Rachel begann sogleich mit der schwierigen und langwierigen Aufgabe, Dayuma die Waorani-Sprache wieder ins Bewußtsein zu heben. Nach drei Monaten mußte Rachel wegen anderer Aufgaben Don Carlos' Hazienda verlassen, und später wurde ihre Arbeit durch eine lange Krankheit unterbrochen.

In der Zwischenzeit hatten ihr jüngerer Bruder, Nathaniel Saint, und vier weitere amerikanische Missionare den Entschluß gefaßt, auf eigene Faust zu versuchen, mit den „Aucas" in Kontakt zu kommen. Vier Monate lang unternahmen die fünf Amerikaner wöchentliche Flüge über eine Waorani-Siedlung, wobei sie jedesmal als Zeichen ihrer friedlichen Absichten Geschenke abwarfen. Schließlich, im Januar 1956, landeten sie auf einer Sandbank des Curaray, in etwa sechs Kilometer Entfernung von der Siedlung. Dort wurden sie von zwei Waorani-Frauen und einem Mann besucht, denen sie Nahrungsmittel und Geschenke überreichten. Den Mann nahmen sie sogar zu einem Rundflug in ihrem Flugzeug mit. Doch zwei Tage später, als die Missionare sich bereits eines ersten Erfolgs sicher zu sein glaubten, tauchten die Waorani in größerer Zahl auf, griffen sie mit ihren Speeren an und töteten alle.

Diese Morde erschienen damals als ein besonders sinnloser Akt von Barbarei. Doch wissen wir heute, nachdem es gelungen ist, friedliche Kontakte zu den Waorani zu knüpfen, daß ihr damaliges Verhalten von ihrer Warte aus einfach konsequent war und daß das Unglück bei besserer Kenntnis der Waorani-Sprache auf seiten der Amerikaner vielleicht hätte vermieden werden können. Unter den

Unbehindert durch Kleidung – außer dem Hüftband, wie es einer der Jungen trägt –, vertreiben sich zwei Spielkameraden die Zeit am Ufer des Cononaco. Sie

sind noch zu jung, um allein in den Dschungel zu ziehen, doch die Uferböschung in der Nähe der Hütten bietet ihnen Gelegenheit, sich auszutoben.

gegebenen Umständen allerdings hatten sie nicht wissen können, daß es sich bei den beiden Waorani-Frauen – Gimari und Mintaka – um Dayumas Schwester sowie ihre Tante handelte. Beide befanden sich auf der Suche nach ihrer lang verschollenen Verwandten, die Gerüchten zufolge den Kannibalen zum Opfer gefallen war. Immer wieder hatten die Frauen sich nach Dayuma erkundigt, doch vergebens. Was noch schlimmer war – den Missionaren blieb verborgen, daß der Mann ein enttäuschter Liebhaber war und die Gesellschaft der Frauen nur in der Hoffnung suchte, ungestört mit Gimari zusammensein zu können, obwohl diese bereits einem anderen versprochen war.

Nach dem ersten Besuch bei den Missionaren hatten sich Gimari und ihr Verehrer abgesetzt und die Tante mit den Fremden, die sozusagen vom Himmel gefallen waren, auf der Sandbank zurückgelassen. Am Abend dieses Tages kehrten die beiden ohne Mintaka in ihr Dorf zurück. Als die Familie des Mädchens herausfand, daß Gimari und ihr Liebhaber den Tag im Dschungel allein verbracht hatten, war die Aufregung groß. Das Verhängnis nahm seinen Lauf. Gimari konnte über den Verbleib der Tante keinerlei Angaben machen, während ihr Verehrer auf der Suche nach einem Alibi listig behauptete, daß die Fremden versucht hätten, sie umzubringen. Schließlich tauchte Mintaka wieder auf und berichtete von der freundlichen Aufnahme, die sie bei den Fremden gefunden hatte. Doch es war schon zu spät: Tiefsitzende Ängste waren wachgerufen worden, und die Waorani waren entschlossen, lieber zu töten, als sich töten zu lassen.

Das traurige Schicksal der fünf Missionare bestärkte Rachel Saint nur in ihrer Entschlossenheit, friedlichen Umgang mit den Waorani zu suchen. Ihr wurde noch deutlicher, daß es dazu langer und sorgfältiger Vorbereitung bedurfte. Zwei Jahre lang ließ sie keine Gelegenheit aus, mit Dayuma zusammenzuarbeiten, und erwarb sich so eine solide Grundkenntnis der Waorani-Sprache. Im Jahre 1958 dann wurde Rachel, gemeinsam mit der Witwe eines der ermordeten Missionare, in einem weit abgelegenen Waorani-Dorf am Tiwaeno-Fluß freundlich aufgenommen. Mit diesem Ereignis hatte die völlige Isolation des Stammes schließlich ein Ende gefunden, und Rachel nahm ihre 20 Jahre währenden Bemühungen auf, die Waorani zum Christentum zu bekehren.

Eine Reihe von Umständen trug zu Rachels Erfolg bei. Sie sprach Waorani, Dayuma war ihr eine treue Begleiterin, und die Männer des Stammes sahen in ihr, einer Frau, keine Bedrohung. Die christliche Botschaft von Frieden und Nächstenliebe fiel auf fruchtbaren Boden bei einem Volk, das so lange in Furcht vor Gewalt hatte leben müssen. Darüber hinaus stand das Christentum nicht in Widerspruch zu zwei fundamentalen Glaubenssätzen der Waorani: dem Glauben an einen Schöpfergott, genannt Waengongi, und dem unerschütterlichen Glauben an ein Leben nach dem Tode.

Dayumas und Rachels gemeinsamem missionarischem Wirken war es zuzuschreiben, daß eine größere Zahl von Waorani aus Gebieten weit im Osten und Norden nach Tiwaeno zogen, bis schließlich ein ganz neuer Faktor allen Bemühungen, den Stamm zu einem friedlichen Leben mit seiner Umgebung zu bewegen, ein Ende zu setzen schien: Man hatte Öl entdeckt. In der Vergangenheit hatten Ölsucher nach sporadischen Angriffen der „Aucas“ ihr Gebiet oft sogleich wieder verlassen. In den sechziger Jahren jedoch war Öl ein zu wertvoller Rohstoff geworden, als daß man sich von gelegentlichen Angriffen einzelner Gruppen „speerschwingender Wilder“ hätte abschrecken lassen. Es war klar, daß die Waorani dem militärischen Druck auf Dauer nicht gewachsen sein würden. Die ökonomische Weiterentwicklung Ecuadors war von ihnen nicht aufzuhalten.

Das beständige Drängen des Summer-Instituts für Sprachforschung veranlaßte die ecuadorianische Regierung schließlich, in einem Gebiet, dessen unmittelbare

Eine Gruppe von Waorani (Vordergrund) schickt sich an, über den Hochwasser führenden Cononaco zu schwimmen, um Nachbarn am gegenüberliegenden Ufer zu besuchen. Zunächst machen sie eine Stelle aus, an der sie sicher wieder aus dem Wasser klettern können, ehe sie dann ein Stück weiter flußaufwärts in den Fluß springen und sich von der Strömung zu ihrem Zielpunkt treiben lassen.

wirtschaftliche Erschließung nicht vorgesehen war, ein Reservat für den Stamm einzurichten. Mit Dayumas unermüdlicher Hilfe vermochten die Missionare dann die Waorani zu überzeugen, sich im Protektorat anzusiedeln.

Von diesem Zeitpunkt an ging die Zahl der Angriffe auf Fremde beträchtlich zurück. Während der sechziger Jahre noch hatten elf Angriffe einzelner Gruppen von Waorani 20 Fremde das Leben gekostet, wobei in einem Falle ein Goldsucher zehnmal mit dem Speer durchbohrt worden war. Das folgende Jahrzehnt erlebte nur zwei solcher Vorfälle: 1971 den Mord an dem Koch einer Ölgesellschaft und 1977 die Ermordung dreier ecuadorianischer Ölarbeiter, die Pfade für Ölsucher im Norden des Waorani-Gebietes erschließen wollten.

In den frühen achtziger Jahren nahmen die Waorani Gewohnheiten unserer Zivilisation an: Mehr und mehr trugen sie Kleidung, und einige wandten sich sogar der Herstellung traditioneller Handwerksgüter zu – Hängematten, Blasrohre, Speere –, um diese in den Souvenirläden von Quito zum Verkauf anzubieten. In der Zwischenzeit hatte sich der Rest des Stammes in drei verschiedene Gruppen aufgespalten. Die eine, etwa 60 Personen umfassend, lebte jetzt im Nordwesten am Yasuni-Fluß. Die zweite Gruppe, etwa 40 Waorani, sollte ich jetzt am Cononaco kennenlernen. Die dritte Gruppe – an die zwölf Männer, Frauen und Kinder – lebte irgendwo im riesigen, Hunderte von Quadratkilometern großen Dschungelgebiet zwischen dem Cononaco und dem Protektorat. Diese Gruppe hatte angeblich 1977 die drei Ölarbeiter umgebracht, und sowohl für Fremde als auch für die anderen Waorani stellte sie immer noch eine potentielle Gefahr dar.

Es war noch Dämmerung, als wir gegen halb sechs Uhr morgens vom Geräusch des Regens aufgeweckt wurden, der auf unser Palmblätterdach niederprasselte. Die Temperatur lag bei gut 20° C, und dennoch empfand ich die Luft, wohl wegen der extrem hohen Feuchtigkeit, als ausgesprochen kühl. Ich war heilfroh, in meinem Schlafsack zu liegen, und fragte mich, wie die Waorani unbekleidet und nicht zugedeckt mit so offensichtlichem Wohlbehagen schlafen konnten. Ich ging über die Landebahn hinüber zu Kadowaes Haus, dessen Dach in blauen Rauch eingehüllt war, der durch die lose übereinanderliegenden Palmblätter quoll. Sein Feuer war die gesamte Nacht über nicht ausgegangen.

Ich kam näher und traf auf seinen ältesten Sohn, Awankamo, einen Jungen von etwa zehn oder elf Jahren, der sich am Flußufer aufgehalten hatte. Er nannte den Namen seines Vaters und wies in Richtung Dschungel. Ich hatte verstanden – Kadowae befand sich auf der Jagd. Später erfuhr ich, daß er beim ersten Licht des Tages, ausgerüstet mit Blasrohr und giftigen Pfeilen, losgezogen war, in der Hoffnung, Brüllaffen zu erlegen, die größte Affenart im Amazonasgebiet. Sie hat ihren Namen von dem tiefen, langgezogenen Gebrüll erhalten, das man zuweilen noch in ein oder zwei Kilometer Entfernung vernehmen kann. Wahrscheinlich würde er erst gegen Abend zurückkehren.

Weiter oben am Fluß lag tief und schwer Nebel über dem Wasser. Doch bald nach Sonnenaufgang klarte es auf, und als die Sonne erst einmal durchgekommen war, stieg die Temperatur im Freien schnell auf ungefähr 30° C an. Bienen flogen dröhnend wie winzige Flugzeuge durch die Luft, und aus dem Dschungel drang ein Kreischen, Rufen und Schnalzen von nicht näher zu bestimmenden Vögeln zu uns herüber – die Geräusche waren nicht verschwommen, sondern man konnte die einzelnen Vogelstimmen deutlich voneinander unterscheiden. Ich befand mich in einer Welt voller Faszination, in der den Augen und Ohren beständig neue und unbekannte Reize geboten wurden.

Auch auf die Waorani verfehlten ungewöhnliche Ereignisse nicht ihre Wirkung. Es dauerte keine Stunde, und jung und alt hatte den Weg über den Fluß zu uns gefunden, und alles drängte sich in Sams Hütte, um voller Neugier unsere Besitztümer in Augenschein zu nehmen: Tornister, Kleidung, Messer (diese ganz besonders), Nahrungsmittel, Taue, Papier, Schreibgerät, Kamera und Filme. Und doch stellten sie keinerlei Fragen danach, woher wir gekommen seien oder was der Zweck unseres Besuches sei. Man hatte uns akzeptiert.

Draußen spielten die Kinder, und man hörte sie vor Freude lachen, wenn es ihnen gelungen war, sich auf dem schlüpfrigen Boden unten am Flußufer gegenseitig zu Fall zu bringen. Awankamo zeigte mir unterdessen, wie sich mit Bienen spielen ließ. Er fing dazu ein besonders großes Exemplar ein, hielt das Tier mit einem Finger am Boden fest und nahm es dann vorsichtig zwischen Daumen und Zeigefinger hoch. Aufgeregt bewegte die Biene ihren Stachel hin und her, und mit einer schnellen Bewegung zog Awankamo ihn heraus. Danach trennte er einen Baumwollfaden von seinem Hüftband ab, wickelte ihn um die Biene und ließ sie wie ein kleines Spielzeug an der Leine um sich herumsummen.

Die Kinder konnten offenbar spielen, wie sie wollten, sei es, daß sie im Fluß schwammen, im Schlamm herumtollten, auf Bäume kletterten oder ihre kleinen Blasrohre mehr oder minder gezielt auf Vögel richteten. Niemand überwachte oder reglementierte sie dabei. Überhaupt sah oder hörte ich während meines gesamten Aufenthaltes bei den Waorani kaum einmal, daß Kinder von Erwachsenen diszipliniert wurden. Die Lichtung in der Nähe der Hütten diente den Kindern als Abenteuerspielplatz, und die einzigen Gesetze, an die es sich zu halten galt, waren die des Dschungellebens und einige unumgängliche Vorsichtsmaßregeln, die ihnen schon in frühester Kindheit vermittelt wurden.

Im Verlauf des Vormittags wurde ich zunehmend ungeduldiger, endlich der Siedlung auf der anderen Flußseite einen Besuch abstatten zu können. Sam war vollauf damit beschäftigt, gemeinsam mit einigen Waorani-Freunden das Palmwedeldach seiner Hütte auszubessern und für mich aus einzelnen Holzklötzen eine einfache Sitzgelegenheit beziehungsweise eine Arbeitsbank zu bauen. So übertrug er einem der jüngeren Helfer die Aufgabe, mich auf einem ersten kurzen Besuch zu begleiten. Odaewa, so hieß der junge Mann, war etwa 19 Jahre alt, nicht allzu kräftig und von ruhig-zurückhaltender Wesensart. Bei der Vorstellungszeremonie streichelte er meinen Arm. Dabei fiel mir plötzlich auf, daß er an jeder Hand sechs Finger hatte – und ebenso sechs Zehen an jedem Fuß. Es handelte sich um eine genetisch bedingte Anomalität, wahrscheinlich die Folge von Inzucht innerhalb dieser kleinen Gemeinschaft mit ihren engen verwandtschaftlichen Beziehungen. Schließlich lebten in der näheren Umgebung des Cononaco nicht mehr als sechs erwachsene Männer und neun Frauen in nur acht Familiengruppen, und so entsprach es einer allseits geübten Praxis, daß Cousins ersten Grades untereinander heirateten.

„Gehen wir", sagte ich auf Waorani. Odaewa sog die Atemluft ein, stieß ein „au" hervor, einen Laut, der soviel wie „ja" bedeutete, und führte mich zu einem Abschnitt des Flußufers hinunter, der mit dornigen Zweigen übersät war. Hier und da lagen auch Zweige direkt unterhalb der Wasseroberfläche versteckt. Beim Überqueren des Flusses behielt ich, wie es mir später zur Gewohnheit wurde, die Segeltuchschuhe an. Sie schützten meine Füße gegen Dornen, und gleichzeitig wurde der Schmutz abgewaschen, der sich auf dem feuchten Waldboden unvermeidlich an den Schuhen festsetzte. Weiter trug ich meine Shorts und ein T-Shirt, beide Kleidungsstücke bereits jetzt von Schweiß durchnäßt.

Vorsichtig wateten wir zunächst um wasserbedeckte Zweige herum und schwammen dann mit kräftigen Zügen zur Mitte des Flusses, wo wir uns von der Strömung gegen das Kabel treiben ließen. Die Stärke der Strömung drückte unsere Beine unwiderstehlich nach oben, und wie Affen hangelten wir uns am Kabel entlang zum gegenüberliegenden Ufer. Dort stießen wir auf einen gut begehbaren Pfad, der vorbei an drei verlassenen Hütten über ein oder zwei Kilometer zu der neuen Waorani-Siedlung führte.

Dort, wo die früheren Bewohner der Hütten Bäume gefällt hatten, war der Pfad auf ein paar Meter am Rande nur mit Schößlingen und Büschen bewachsen. Große, feuchte Blätter fuhren mir wie Bürsten über die Arme. Nun gelangten wir in den eigentlichen Urwald, und unvermittelt hatte man das Gefühl, sich tief unten in einem feuchten, höhlenartigen Kellergeschoß zu befinden, umgeben von schlanken, hoch aufragenden Säulen, die einen lächerlich klein erscheinen ließen und das Tageslicht beinahe völlig fernhielten. Unser Weg war jedoch genau vorgezeichnet. Die jungen Bäume mit ihren riesigen grünen Blättern gaben uns die Sicht zwar nur auf knapp 20 Meter frei, doch standen sie in einigem Abstand voneinander. Auch zwischen den größeren Bäumen, die das hohe Dschungeldach bildeten, lag stets ein Abstand von mehreren Metern. Der Weg war nicht von Brombeersträuchern überwuchert, die Insekten waren gering an Zahl, und hier, tief im Schatten, war es nicht so heiß – die Temperatur lag bei gut 20° C.

Als wir wenig später über einen umgestürzten Baum kletterten, fragte ich mich ziemlich beunruhigt, ob hier nicht irgendwo Schlangen lauerten. Vor allem schreckte mich die Vorstellung, auf eine der dreieinhalb Meter langen Buschmeister zu treten, die größte und angeblich angriffslustigste Giftschlange im tropischen Dschungel. Solche Sorgen schienen Odaewa nicht zu plagen. Ungeachtet der im aufgelockerten Boden halbverborgenen Baumwurzeln, die sich über den rutschigen Pfad spannten, ging er mit sicherem Schritt voran.

Anzünden eines Feuers

Um Feuer zu machen, bedienen sich die Waorani einer der ältesten Methoden, die die Menschheit kennt: Sie reiben zwei Stäbe gegeneinander, um durch die Reibung Hitze zu erzeugen. Schon mit acht Jahren sind Kinder in der Lage, diese Technik mit einem Stock aus Hartholz und einem Klotz aus Weichholz anzuwenden. Unter den Klotz wird ein wenig Kapok gesteckt, eine baumwollähnliche Faser, die eine Baumart des Dschungels liefert. Die Faser beginnt zu glimmen, sobald ein Funke darauf fällt, und entwikkelt genügend Hitze, um Holzspäne zum Brennen zu bringen. Dieser Vorgang dauert oft länger als eine halbe Stunde.

Gelegentlich tragen die Waorani ihr Feuer in Form schwelender Termitennester mit sich, in denen sich die Glut bis zu acht Stunden hält.

Ein Waorani wartet auf Rauch, ein anderer dreht seinen Stock gegen ein Holzstück.

Schließlich führte unser Weg an einigen Feldern vorbei, die, jeweils etwa 40 Ar groß, von gefällten Bäumen und Geäst übersät waren, zwischen denen Maniokpflanzen hervorlugten – grüne Blätter an graubraunen Stengeln. Etwa 500 Meter weiter traten wir aus dem Schatten heraus. Unmittelbar vor uns, auf einer Lichtung, wo sich im hohen dichten Gras vereinzelte Bananenstauden befanden, tauchten nun die drei heuschoberähnlichen Hütten auf, die ich tags zuvor aus der Luft gesehen hatte. Sie standen etwa in einer Linie, in Abständen von knapp zehn Metern, und waren ungefähr 50 Meter vom Fluß entfernt.

Odaewa stieß mit hoher Stimme einen Ruf aus, der unser Eintreffen ankündigen sollte. Ein sehr merkwürdiges Geräusch antwortete ihm: laute und rauhe Schreie, die sich anhörten wie das Krächzen einer streitenden Krähe. Diese nicht enden wollenden Schreie kamen von einem Vogel, der so groß wie ein ausgewachsenes Huhn war und ein schwarzes Federkleid mit weißem Bauch und roten Flecken in der Augengegend besaß. Es handelte sich um einen Karakara mit roter Kehle, eine von mehreren Vogelarten, die frei lebend bei den Waorani gehalten werden. Dazu fängt man die Vögel ein, wenn sie noch nicht flügge sind, und zieht sie groß, indem man sie regelmäßig mit kleinen Stücken Fleisch füttert. Aus der Nähe bemerkten wir, wie der Karakara aufgeregt seinen Kopf hin und her bewegte und drohend seine Flügel spreizte. Durch die enge Bindung an seinen genau begrenzten Lebensraum und durch seine unüberhörbar laute Stimme bietet dieser Vogel einen idealen Ersatz für einen Wachhund.

Kaum hatte ich die zweite Hütte auf der Lichtung passiert, als mich der Anblick eines Vogels aufschreckte, gegen den sich der Karakara geradezu winzig ausnahm: Völlig frei thronte ein Königsgeier neben einem kleinen, überdachten Vogelhaus, das ihm Schutz vor Regen und Sonne bot. Wenigstens gab er nicht so markerschütternde Schreie von sich und schien, wie er so mit den Augen blinzelnd auf einigen kleinen Zweigen saß, trotz seines bedrohlich wirkenden Äußeren einigermaßen zahm. Ganz in der Nähe war ein kräftiger Mann von etwa 30 Jahren damit beschäftigt, aus zwei dunklen Holzstöcken, die er mit Schlingpflanzen zusammengebunden und im Spalt eines Baumstammes festgekeilt hatte, ein Blasrohr von drei Meter Länge zu schnitzen. Ich erkannte in ihm einen der Waorani, die tags zuvor zu unserer Begrüßung über den Fluß geschwommen waren. Als wir an ihm vorübergingen, nahm er nur mit einem kurzen Blick von uns Notiz und wandte sich wieder seiner Arbeit zu: Mit einer langen, elastischen Rute

Ein Junge bläst das Feuer an, das trockene Zweige über etwas Kapok zum Brennen bringen soll.

Ein Mädchen prüft nach, ob das Termitennest noch schwelt.

aus Palmholz bohrte er das Blasrohr auf. Mittlerweile war eine Gruppe von Kindern aus der zweiten Hütte herausgetreten und lief auf uns zu. Sie nahmen mich an der Hand und führten mich zur dritten Hütte.

Vorsichtig warf ich einen Blick in das mit einem Palmblätterdach versehene Haus. Dabei sah ich drei Herdstellen, mehr als ein halbes Dutzend Hängematten, Bananenbüschel, die in einer Ecke hingen, Speere, die über den Querstangen an der Decke lagen, einen riesigen Papagei, der auf einem schräg im Boden verankerten Stock saß, und schließlich, angebunden an einem Pfosten, einen winzigen Kapuzineraffen, der mich aufgeregt kreischend und auf und nieder springend begrüßte. Aber meine Aufmerksamkeit richtete sich auf das einzige menschliche Wesen in der Hütte: eine alte Frau, die auf einer Hängematte sitzend Maniokknollen schälte und sie dann in ein wassergefülltes Tongefäß legte, das auf einer Feuerstelle stand. Ihre Ohrläppchen waren ungewöhnlich lang und durch ein etwa fünf Zentimeter großes Loch geweitet, und ihre leer gewordenen Brüste lagen ihrem Körper flach auf.

Eine Minute oder länger blieb ich wie angewurzelt in der Tür stehen; das Bild im Innern der Hütte nahm mich völlig gefangen, und erst nach und nach wurde mir bewußt, daß mein langes Schweigen und die fehlende Verständigungsmöglichkeit mit der Frau peinlich waren. Außerdem hatte eines der Kinder begonnen, mein T-Shirt hochzuschieben und meine Haut zu befühlen, ein anderes faßte mich an den Oberschenkeln an und begann, meine Baumwollshorts zu prüfen. Ehe man mich ganz auszog, wollte ich dann doch lieber diesen Ort verlassen.

„Ich gehe", sagte ich in der Waorani-Sprache. Dieser Ausdruck entsprach in etwa unserem „Auf Wiedersehen" und stellte eine der nützlicheren Redewendungen meines Vokabulars dar.

„Komm gut heim", antwortete die Alte und fügte noch einige mir allerdings unverständliche Worte hinzu. Dann verabschiedete sie mich mit einem breiten Grinsen, das ihre schwarzen Zähne enthüllte.

Andere Erwachsene hielten sich nicht in der Siedlung auf. Ich vermutete die Männer auf der Jagd und die Frauen auf den Feldern im Dschungel, so daß es mir sinnlos erschien, den Besuch noch länger auszudehnen. Ich gab Odaewa ein Zeichen, und wir machten uns auf den Rückweg. An einer Stelle ließ er mich anhalten und zeigte mir Spuren, die von einer großen Raubkatze, möglicherweise von einem Puma oder einem Jaguar, stammten.

Der Körper eines Brüllaffen – nicht größer als der eines Kindes – wird über ein Feuer gehalten, um das Fell abzusengen; später zerlegt man ihn und kocht das Fleisch. Die Waorani machen Jagd auf mehr als ein Dutzend Affen- und Vogelarten und sichern damit im wesentlichen ihre Fleischversorgung. Wildschweinfleisch schätzt man als besondere Köstlichkeit.

Wieder bei Sams Hütte angelangt, fragte ich ihn nach der alten Frau, deren Bekanntschaft ich gemacht hatte. Sie hieß Menyimo und war die Frau Kaempaedes, des ältesten Waorani-Mannes am Cononaco. Beide, so erzählte er mir, hätten sich in ihrer Jugend die Ohrläppchen längen und durchstechen lassen. Letzteres führte man mit einem langen, scharfen Dorn aus, der durch die Mitte des Ohrläppchens gesteckt wurde. Im Laufe der folgenden Monate machte man das Loch dann allmählich größer, indem man zunächst gerollte Blätter hineinsteckte, später sogar größere Holzsplitter, bis schließlich eine weiße, bis zu siebeneinhalb Zentimeter große Scheibe aus Balsaholz in das Loch paßte. Solche Scheiben waren ein damals oft und gern getragener Schmuck – doch jetzt war er aus der Mode gekommen, weil die Waorani aus Kontakten mit Menschen von außerhalb wußten, daß benachbarte Stämme das Tragen von Ohrscheiben für ein Zeichen von „Auca-Rohheit" hielten.

Sam erzählte nun von den anderen, insgesamt 42 Waorani des Cononaco-Gebietes: Acht befanden sich auf unserer Seite des Flusses, 28 lebten zur Zeit in den drei Hütten, die ich gerade besucht hatte, und eine sechsköpfige Familie wohnte in der kleinen Siedlung Dyowetomi, welche man in einem etwa fünfstündigen Fußmarsch in Richtung Norden über den Pfad am Nordufer erreichen konnte. Von Dyowetomi aus 40 Kilometer weiter nordöstlich lebte nahe des Yasuni-Flusses eine weitere, 60 Personen umfassende Gruppe von Waorani.

Aus Sams Ausführungen ging eindeutig hervor, daß diese Hütten bei den Waorani kein Dorf im eigentlichen Sinne bilden, sondern nur als vorübergehende Wohnplätze benutzt werden. Die einzelnen Familien suchen sich ständig unabhängig voneinander überall im Dschungel neue Standorte, wobei sie gelegentlich eine Palmdachhütte für immer verlassen und sich eine neue Behausung in größerer Nähe des Gebietes errichten, wo sie gerade der Jagd nachgehen und Getreideanbau betreiben. Nur zufällig lebte eine so große Zahl von Waorani in unserer unmittelbaren Umgebung. Schon bald, innerhalb weniger Wochen, würden sie das Cononaco-Gebiet wieder verlassen haben.

Unvermittelt wurde unsere Unterhaltung durch lautes Kindergeschrei unterbrochen. „Kadowae!" „Kadowae!" Ein Blick nach draußen belehrte mich, daß Kadowae, ihr Vater, zurückkehrte. Die zehnstündige Jagd im Dschungel hatte ihn offensichtlich mitgenommen, dennoch kam er mit einem zufriedenen Lächeln auf uns zu. Wie ein Gewehr trug er sein riesiges Blasrohr vor dem Bauch, und um den Hals baumelte ihm an einer Schnur aus Palmfasern ein Bambus-Köcher voller Pfeile, deren Spitzen man in Curare eingetaucht hatte, ein nervenlähmendes Gift, das aus einer bestimmten Kletterpflanze gewonnen wird. Über den Schultern trug er noch zwei Brüllaffen mit rotem Fell, die er jeweils an Kopf und Schwanz mit einer Ranke zusammengebunden hatte.

Die Affen wogen jeder gut 20 Pfund, und ihr Fleisch mußte, wie auch anderes Fleisch in diesem feuchten Klima, binnen 24 Stunden verzehrt werden, oder man mußte es räuchern und abhängen lassen, um es für eine Woche frisch zu halten. Auf jeden Fall waren zwei kräftige Mahlzeiten für die gesamte Familie sichergestellt, mehr als genug bis zum nächsten Jagdausflug, den Kadowae unternehmen würde, um ihre Grundnahrung aus Maniok durch Fleisch zu ergänzen.

Sogleich wurde mit der Zubereitung einer Mahlzeit begonnen. Die ältere Frau, Nyawadae, fachte mit einer Vogelfeder das Feuer in ihrer Hütte an. Dann begann sie einem der Affen über dem Feuer das Fell abzusengen; derweil hatte es sich Kadowae auf der Hängematte bequem gemacht und gab seine Jagderlebnisse zum besten. Als Sam später meine Tonbandaufnahmen davon übersetzte, fiel mir auf, daß Kadowae die Ereignisse in völlig falscher Reihenfolge schilderte. Dennoch wirkte seine Erzähltechnik faszinierend. Er begleitete seinen Bericht mit Gesten, blickte vorsichtig um sich, als ob er noch im Dschungel sei, zeigte auf die vermeintliche Beute und erhob dann seinen Arm, so als ob er zum Schuß mit dem Blasrohr ansetzen wollte. Die ganze Zeit über untermalte er seine dramatische Erzählung mit Geräuschen, imitierte täuschend ähnlich das Rascheln der Blätter, das Tappen der Füße, das Krachen im Geäst, den Todesschrei des Affen und endlich dessen dumpfen Sturz auf den Boden.

„Ich habe den Affen am Morgen erlegt, als es regnete", berichtete er. „Er hat mich nicht einmal gesehen. Der erste Pfeil hat ihn am Kopf getroffen. ‚Eer-ro-wa', schrie er. Dann habe ich ihn mehrmals im Rücken getroffen." Beim Reden säuberte er das tote Tier, indem er mit den Händen auf dessen vom Feuer geschwärzten und nun grotesk geschwollenen Körper einschlug, bis dieser sauber und glatt war.

„Ich bemerkte drei große Tiere, eines mit einem Jungen", fuhr Kadowae fort. „Ich zielte auf das dritte Tier, die Äffin mit dem Jungen, doch es gelang ihr zu entkommen, und so mußte ich mich mit den beiden anderen begnügen. Er verfing sich beim Sturz im Geäst, und ich mußte hochklettern und ihn mit einem Stock herausschlagen." Mir blieb unklar, von welchem Affen er eigentlich redete und wie er den zweiten erlegt hatte, doch seine Familie hörte ihm zu, ohne auch nur eine einzige Zwischenfrage zu stellen. Damals wußte ich noch nicht, daß solche Jagdgeschichten unzählige Male berichtet und dabei jedesmal mit neuen Details angereichert wurden. Aber für die Waorani-Zuhörer fügte sich am Ende alles zu einem klaren Bild zusammen.

Nach 20 Minuten hatte man beiden Affen das Fell vollständig abgesengt und trug sie nach draußen, wo Kadowae sie mit seiner Machete schnell und fachmännisch zerlegte. Nyawadae spritzte dabei mit Wasser aus einer Kürbishälfte das Blut von den Händen ihres Mannes. Dann wurde das zerlegte Fleisch wieder in die Hütte gebracht und in einem riesigen Lehmtopf für ein paar Stunden gekocht. Endlich würde man das ganze Tier – außer den unteren Eingeweiden und der Blase – verzehren. Das Hirn galt als besonders delikat, und den Kopf hob man sich bis zum Schluß auf, ehe man ihn lange kauend und aussaugend verzehrte.

Später brachte Kadowae uns Fleisch zu Sams Hütte herüber und bot uns ein paar Bissen als Kostprobe an. Es war sehnig und wenig schmackhaft. Während wir noch aßen, verfinsterte sich der Himmel im Osten, und ein leichter Wind aus dieser Richtung kam auf. Wir zündeten Kerzen an, und durch die Tür betrachtete ich das aufziehende Unwetter. In der Ferne schlugen Blitze durch die Wolkendecke, und Donnergrollen kündigte den bevorstehenden Regenguß an.

Das Unwetter setzte mit beginnender Dämmerung ein und spielte sich in der gleichen dramatischen Weise ab, wie ich es, stets aufs neue fasziniert, noch viele Male erleben sollte. Zunächst kam ein kurzer Windstoß, der einige Palmblätter von unserem Dach herunterfegte und die Kerzen ausblies. Sekunden später ließ der Wind nach, und es begann in Strömen zu regnen. Eine schier endlose Regenfront schob sich über den Dschungel und löste, auf die Blätter herunterprasselnd, ein rauschendes Crescendo aus. Auf der anderen Flußseite waren die Bäume gegen das Halbdunkel und den weiß schäumenden Regen nur schemenhaft auszumachen, und urplötzlich hatte sich die Luft merklich abgekühlt.

Diese sintflutartigen Niederschläge gingen nach zehn Minuten in einen schwächeren Dauerregen über. Doch sie hatten genügt, den Dschungel unter Wasser zu setzen, und der von der Sonne ausgedörrte Lehmboden unserer Lichtung hatte sich in rutschigen Schlamm verwandelt. Wir zündeten wieder Kerzen an, und der stets hilfsbereite Kadowae kletterte an einem der senkrechten Stützbalken hoch und stocherte in den Palmblättern des Daches, bis sich ein kleines Loch gebildet hatte. Als er diese Arbeit erledigt hatte, sagte er nur „Ich gehe" und verschwand in der Dunkelheit.

Feldbau in der Wildnis

In die allgegenwärtige Wildnis vermögen die Waorani nur kleine Lichtungen zu schlagen, auf denen sie Felder anlegen. Doch anders als der üppige Baumbestand vermuten läßt, erweist es sich als recht schwierig, den Dschungel zum Anbau von Feldfrüchten zu nutzen. Auf dem Dschungelboden selbst gedeihen nur wenige Pflanzen. Die Sonne vermag das dichte Geflecht von Zweigen und Blättern nicht zu durchdringen, und weit auslaufende Baumwurzeln saugen den Großteil der Nährstoffe auf, die der vom ständigen Regen ausgelaugte Boden noch enthält.

Durch das Fällen von Bäumen schlagen die Waorani Lichtungen in der Größenordnung von einem halben Hektar frei. Inmitten der gefällten Bäume, die Regengüsse abhalten und damit der Vernichtung der Ernte vorbeugen, pflanzen sie Maniok, Mais oder Erdnüsse an.

Nachdem er zuvor junge Bäume und Buschwerk weggeschlagen hat, verfügt dieser Waorani nun über die notwendige Bewegungsfreiheit, um mit seiner Axt, die

Die Blätter der Bäume verfaulen in diesem heiß-feuchten Klima sehr schnell und reichern den Boden so wieder mit wertvollen Nährstoffen an.

Über einen Zeitraum von 18 Monaten trägt dieser Boden durchschnittlich nicht mehr als zwei Ernten. Um aber beständig mit Feldfrüchten versorgt zu sein, schlagen die Waorani in Abständen von einigen Monaten neue Lichtungen und bepflanzen sie, wobei sie stets dafür Sorge tragen, daß die Erntezeiten ihrer drei oder vier Felder nicht zusammenfallen. Oft liegen diese 15 Kilometer und mehr auseinander, und nicht selten errichten die Waorani zur Erntezeit in der Nähe eines weiter entfernten Feldes eine neue Hütte. Solche Ansiedlungen werden meist binnen eines Jahres wieder verlassen, wenn die Felder in der näheren Umgebung keine Maniokernte mehr erwarten lassen.

eine Stahlklinge besitzt, einen Hartholzbaum zu schlagen. Zur Rodung eines halben Hektars Wald benötigt er gewöhnlich zwei bis drei Wochen.

Diese mit Baumstämmen übersäten Felder (links) liegen in unmittelbarer Nähe zweier Hütten. Mit spitzen Stöcken graben Frauen schräglaufende Löcher in den aufgelockerten Boden eines gerade angelegten Feldes (kleines Bild, unten). In diese Löcher, die etwa 30 Zentimeter tief sind, setzt man Ableger frisch geernteter Maniokpflanzen ein.

Knapp neun Monate nach der Anpflanzung steht in diesem Maniokfeld die Ernte bevor (rechts). Man gräbt die gesamte Pflanze aus dem Boden (kleines Bild, unten), doch nur das Fruchtfleisch der Knollen ist zum Verzehr bestimmt. Die holzigen Stengel pflanzt man anderswo für eine neue Ernte wieder ein.

15 Monate nach der Ernte nehmen schnell wachsende Balsabäume das Feld und die verlassene Ansiedlung wieder in Besitz. Wenn die Bäume nach etwa zehn

Jahren ihre volle Größe erreicht haben, ist der Boden wieder mit Nährstoffen angereichert, so daß es sich für die Waorani lohnt, dort erneut ein Feld anzulegen.

Die Errichtung einer Hütte

Die Waorani bauen ihre Hütten nach einer Methode, die den Erfordernissen ihrer halb nomadischen Lebensweise im feuchten Tropenklima in idealer Weise gerecht wird. Als Baumaterial verwenden sie junge Bäume, Palmwedel und Blätter, die sie im umliegenden Dschungel sammeln. Die Hütten bieten Schutz vor der Sonne, halten die zahlreichen, meist heftigen Regenfälle ab und sind leicht und luftdurchlässig gebaut, um eine Rauchentwicklung durch die Feuerstelle im Inneren zu verhindern. Von der Konstruktion her sind sie so einfach angelegt, daß eine Familie das notwendige Material innerhalb von fünf oder sechs Tagen heranschaffen kann.

Zunächst machen sich die Männer der Familie daran, eine Anzahl schlanker, aber kräftiger Bäume zu fällen. Einige schneiden sie dann auf eine Länge von gut zwei Metern zurecht und treiben sie in den Boden; sie dienen als Stützen für ein rechteckiges Gebäude von 6 bis 12 Meter Länge und 3 bis 5 Meter Breite. Längere Hölzer, die man mit Schlingpflanzen oben an den senkrechten Stützpfosten befestigt, bilden die querlaufenden Seitenbalken. Als nächstes schlägt man einige sehr biegsame Schößlinge, die als Stangen dienen, und stößt sie in zwei Reihen, etwa 1,20 Meter außerhalb des Rechtecks, an dessen Längsseiten fest in den Boden. Anschließend werden die Spitzen der jeweils sich gegenüberstehenden Stangen so weit zusammengebogen, daß eine tonnenförmige Wölbung entsteht, und an den Stangenenden wird ein Balken als Dachfirst befestigt.

Das Dach einer Hütte setzt sich zusammen aus einem Dach aus Palmwedeln und einer wasserdichten Auskleidung mit großflächigen Blättern. Das Dach wird aus zwei bis drei Dutzend Palmwedeln hergestellt, die man in Längsrichtung spaltet. Diese Hälften mit ihrem Blätterbesatz werden dann waagerecht in der Weise an den Schößlingen befestigt, daß sie die gesamte Dachwölbung vom First bis zum Boden abdecken. Männer und Frauen sammeln danach gemeinsam die Blätter für die Auskleidung, und zwar von niedrig wachsenden Palmen, die riesigen Aspidistras ähneln. Vom Innern der Hütte aus legen die Männer Blatt für Blatt über die Blattrippen der Palmwedel und stecken die Blätter hinter dem jeweils tiefer liegenden Wedel fest.

Für gute Durchlüftung ist gesorgt, da die Seitenwände über dem Boden nur aus Palmwedeln ohne Blätterauskleidung bestehen; manchmal schlägt man in jede Wand eine Öffnung, doch besitzen viele Hütten nur einen Eingang. Bei der Rückwand werden die Wedel horizontal befestigt, bei der vorderen Wand sind sie abgewinkelt, so daß sie einen Bogen bilden, in dessen Mitte man einen kleinen Eingang frei läßt.

Wenn das Dach instand gehalten wird, können solche Hütten für zwei Jahre den Waorani als Unterkunft dienen. Oft verläßt man sie jedoch bereits nach einem Jahr und baut in einiger Entferung neue Hütten, dort nämlich, wo man auch neue Felder angelegt hat.

Ein Kind blickt aus dem mit Palmwedeln verhangenen Eingang einer neuen Hütte. Bald werden die Blätter braun gefärbt sein.

Zu Beginn des Bauvorgangs rammt ein Waorani einen der Stützpfosten – einen zugespitzten, langen dünnen Stamm – mehrfach in den Boden, bis er fest sitzt.

Auf einem Querbalken liegend, verschiebt ein junger Mann einen Baumstamm, der ihm zum Festhalten dient und ihm Zugang zum Dachbereich verschafft.

Einer der Hüttenbauer zieht ohne größere Mühe die beiden Hälften eines riesigen Palmwedels auseinander.

Zwei Männer befestigen Palmwedelhälften an den Stützstangen, die so dicht beisammen liegen, daß die Deckblätter ein einheitliches Dach bilden.

Zwei Männer kleiden das Dach aus, während ein anderer sich ausruht. Ein Junge hält Material bereit.

Über die Blattadern der Wedel werden 120 mal 30 Zentimeter große Blätter gelegt. Für ein regenundurchlässiges Dach benötigt man an die 4000 Blätter.

Auf dem Dachfirst verknüpft eine Frau die Blätter zweier sich überlappender Palmwedel miteinander.

Ein Mann reicht einen Palmwedelschaft nach oben. Am Dachfirst angebracht, wird er später eine Lücke in der Rückwand der Hütte schließen.

Zwei | Anpassung an die Umwelt

Unser Aufenthalt am Cononaco währte noch nicht lange, als mich eines Morgens ein merkwürdig gleichförmiger Gesang zu Kadowaes Hütte lockte. Er erinnerte mich an einen Psalm: Eine aus drei Tönen bestehende Melodie, die sich endlos wiederholte und je nach Text verkürzt oder in die Länge gezogen wurde. Trotz aller Monotonie schlug mich diese Musik in ihren Bann.

Ich mußte mich bücken, um durch die niedrige Öffnung in der Wand aus Palmwedeln eintreten zu können, und noch geblendet vom grellen Sonnenlicht, glaubte ich mich in einer finsteren Höhle zu befinden. Am Boden glommen schwach zwei Holzfeuer. Ein Kind schaukelte träge in einer Hängematte, die an den Querbalken der Hütte befestigt war. Dahinter im Schatten stand Kakade, Kadowaes jüngere Frau; sie trug ihr Baby in einer über die Schulter gelegten Tragschlinge aus Baumrinde. Vor ihr befand sich ein quadratischer, etwa 1,50 Meter großer Holzrahmen, der mit Chambira-Palmfasern bespannt war. Sie werden gewonnen, indem man getrocknete lange Faserstreifen von Palmblättern übereinanderlegt und zu einer einzigen, durchgehenden Faser zusammenrollt. Kakade verwob diese Fasern in einer unablässigen, vor- und zurücklaufenden Bewegung miteinander und stellte auf diese Weise eine Hängematte her. Mit dem Gesang, den ich gehört hatte, begleitete sie ihre Arbeit.

Ich nahm ihr Lied auf Tonband auf und bat Sam später, es mir zu übersetzen. Viele Worte klangen durch die beständige Wiederholung unverständlich oder verzerrt, doch gelang es ihm schließlich, ein paar Zeilen zu entschlüsseln:

Wie unsere Großväter, so lebten auch unsere Väter.
Stets trugen sie ihre Jagdbeute in unsere Hütten.
Immer brachte mein Vater Fleisch und gab so der Mutter zu tun.
Unsere Mütter pflanzten Maniok, bis die Sonne versank.
Meine Mutter pflanzte Maniok, bis die Sonne versank.

Das Lied beschwor eine Lebensform, die unzählige Generationen nahezu unbeschadet überdauert hatte. Kakade sang vor sich hin, doch gleichzeitig vermittelte der Text ihrem Kind ein Gefühl für die Wirklichkeit des Dschungels, in

dem sie lebten, und für die Art und Weise, wie ihr Volk dieser Herausforderung tagtäglich aufs neue begegnete.

Bis in die jüngste Vergangenheit existierte für die Waorani keine Welt außerhalb des Dschungels, und bis zum heutigen Tag setzt ihre Sprache den Wald und die Welt gleich. Ihrer Überlieferung zufolge besitzt diese Welt die Form einer großen Scheibe, die von Wasser umgeben ist und in westlicher Richtung leicht ansteigt, so daß die Flüsse dem Sonnenaufgang entgegenfließen. Durch Kontakte mit Missionaren und anderen Besuchern hatten die Waorani am Cononaco zumindest von Teilen der übrigen Welt gehört – von den Anden, von Quito und anderen größeren Städten –, doch dies bedeutete ihnen kaum mehr als ein ferner Planet. Vertraut war ihnen allein der Dschungel, und weil sie dessen Schätze und Gefahren genau kannten, vermochten sie dort zu überleben.

Im Verlaufe meines ersten Monats bei den Waorani schwamm ich beinahe jeden Morgen über den Cononaco, um den Tag mit den 36 Männern, Frauen und Kindern zu verbringen, welche die drei auf einer Lichtung gelegenen Hütten am Nordufer des Flusses bewohnten. So lernte ich ihren Alltag kennen und konnte verfolgen, wie sie durch Jagen, Sammeln und den Anbau von Feldfrüchten im Urwald ihren gesamten Lebensunterhalt bestritten. Derselbe Urwald versorgte sie auch mit den notwendigen Rohstoffen: junge Bäume und Palmen für den Hausbau; Holz für Blasrohre, Pfeile und Speere; Palmfaser, aus der man Hängematten und Taschen knüpfte, Lehm für Tongefäße; Rinde für Tragschlingen und eine besondere Kletterpflanze, die den Giftstoff Curare enthält. Von dem vielen, was ihnen die Umgebung an Nahrung und anderen Materialien bot, schätzten sie vor allem drei Dinge: Fleisch, Maniok und Palmwedel für das Dach der Hütte. Sobald es ihnen daran zu mangeln begann, wechselten sie ihren Standort im Dschungel und lebten anderswo weiter wie zuvor.

Die einzigen erwähnenswerten Besitztümer, die nicht aus ihrer eigenen Umwelt stammen, sind Äxte, Macheten und Messer sowie einige wenige Metalltöpfe und -pfannen, sämtlich Geschenke von Missionaren und anderen Besuchern von außerhalb. Die Waorani selbst sind nicht in der Lage, Metallwerkzeuge herzustellen; dem Stand ihrer Technik nach leben sie immer noch in der Steinzeit. Die Möglichkeiten allerdings, die der tropische Regenwald als Lebensraum bietet, nutzen sie beinahe optimal. Es gelingt ihnen so, nicht nur zu überleben, sondern gut zu leben: Nahrung ist für alle im Überfluß vorhanden. Das Leben ist nicht immer leicht, aber harte Arbeit fällt nur gelegentlich an. Doch niemand braucht sich wirklich zu plagen, und die Waorani haben Mittel und Wege gefunden, allen Fährnissen des Dschungellebens erfolgreich zu begegnen, einschließlich der zahllosen Insekten, die Gesundheit und Wohlbefinden beeinträchtigen.

Einem wesentlichen Teil ihrer Umgebung, dem Fluß, schenken die Waorani jedoch keine Beachtung. Viele andere Stämme des Amazonasgebietes haben sich auf Dauer und in größeren Gruppen dort angesiedelt, wo sich in der Nähe des Flußufers fruchtbarer Boden findet. Die Waorani dagegen haben es stets vorgezogen, sich in kleinen Gruppen, in einiger Entfernung vom Flußufer, auf Hügelkämmen niederzulassen. Nur zufällig und vorübergehend hielten sich zur Zeit meines Besuches sieben Waorani-Familien in der Nähe eines Flusses auf; doch die Möglichkeiten dieses Lebensraumes ließen sie weitgehend ungenutzt. So bauten sie sich keine Kanus, mit denen sie den Fluß hätten befahren können, wie sie überhaupt dem reichen Fischbestand größerer Flüsse und Seen kaum Beachtung schenkten. Alles Wissen und Geschick, das von einer Generation auf die nachfolgende überging, diente dem Überleben im Dschungel selbst.

Dem flüchtigen Betrachter mag der tropische Regenwald mit seiner üppigen Vegetation, seinen Hunderten von Vogelarten und dem ungewöhnlich vielfältigen Tierleben als wahres Füllhorn und Schatzkammer erscheinen. Doch gibt der Dschungel seine Schätze nicht so ohne weiteres heraus. Viele Pflanzen- und Tierarten eignen sich nicht als Nahrung, und diejenigen, die eßbar sind, treten oft zu vereinzelt auf, als daß sich die Suche nach ihnen lohnen würde. Noch häufiger aber finden sie sich hoch über dem Boden in schwer zugänglichen Baumkronen. Das Blattwerk der riesigen Bäume, die schwindelnde Höhen von bis zu 25 oder 30 Metern – manchmal sogar bis zu 50 Metern – erreichen, bildet einen nahezu undurchdringlichen Schutzschirm, der meist nur etwa zehn Prozent des Sonnenlichtes zum Boden durchläßt. Auf dem von der Sonne nicht gerade verwöhnten Waldboden gedeihen zahlreiche Farne, Büsche und Schößlinge, doch bietet er nur wenigen Pflanzenfressern Nahrung, und in noch geringerer Zahl kommen fleischfressende Tiere vor. Zwar gibt es im Urwald größere Tiere wie Jaguar, Puma, Ozelot und Hirsche, aber auch diese stellen für die Waorani keine sichere Nahrungsquelle dar, da sie weit verstreut leben und gering an Zahl sind. Von den am Boden lebenden Tieren sind hier allenfalls die Wildschweine zu erwähnen, die in großen Herden durch den Dschungel ziehen.

Nur auf den Baumwipfeln gedeihen Fauna und Flora gleichermaßen. Das Blätterdach beheimatet eine Vielzahl von Pflanzen, die im Licht der Sonne prächtige Blüten treiben. In diesem sonnigen Bereich wachsen auch mancherlei Früchte, die jedoch in der Regel nur unter großen Schwierigkeiten zu ernten sind. Bei vielen Baumarten sind die Stämme mit unangenehmen Dornen bewachsen – einige davon spitz wie Nadeln, andere eher wie kurze Stacheln. Außerdem haben weitaus die meisten Baumstämme im unteren Bereich kleine Zweige, die das Emporklettern erleichtern würden.

Auf den Bäumen finden Tiere wirksamen Schutz vor dem Jäger. Hinzu kommt, daß die Tiere gut getarnt sind und viele sich nur nachts zeigen. Mit einigen von ihnen hat es die Natur besonders gut gemeint: Viele Affen zum Beispiel besitzen einen Greifschwanz, praktisch einen zusätzlichen Arm, mit dem sie sich überaus geschickt durch die Baumkronen bewegen können.

Nur wenige Zentimeter breit und von Blattwerk überwuchert, zieht sich ein Pfad in nördlicher Richtung über 25 Kilometer durch das Dschungelgebiet, das zwischen den Waorani-Siedlungen am Cononaco und in Dyowetomi liegt. Einem solchen Pfad zu folgen fällt schwer; ständig muß man über Baumwurzeln und abgefallenes Astwerk klettern sowie kleine Flüsse auf Baumstämmen überqueren.

Für die Jagd auf Tiere, die sich in Baumwipfeln versteckt halten, haben die Waorani ein Blasrohr entwickelt, ein aus Holz gefertigtes, aufgebohrtes Rohr von zweieinhalb bis 3 Meter Länge, mit dessen Hilfe ein Jäger vom Boden aus giftige Pfeile nach oben schießen kann. Diese erstaunlich treffsichere und gefährliche Waffe wird mit großem handwerklichem Geschick hergestellt. Gleichermaßen beeindruckend ist die Methode, mit der man Früchte aus dem Blätterdach der Dschungelbäume herunterholt. Ich lernte sie erstmals kennen, als ich Kadowae auf einem Streifzug durch den Regenwald begleitete.

Awankamo, sein Sohn, hatte am Wegrand eine Chambira-Palme entdeckt, die voll von kleinen, kokosnußähnlichen Früchten hing. Wie bei den meisten Chambira-Palmen starrte die Rinde vor nadelspitzen Dornen. Awankamo umging das Problem, indem er an einem benachbarten Baum mit vergleichsweise glatter Rinde hochkletterte. Von dort aus suchte er an die Früchte heranzukommen, und zwar mittels einer ungefähr fünf Meter langen Stange mit Haken, die er sich flink gefertigt hatte, indem er einen Ast abbrach und an seinem Ende einen kräftigen Zweig mit einer Schlingpflanze quer befestigte.

Für sein Kletterunternehmen flocht er sich eine Schleife aus Schlingpflanzen, ungefähr 30 Zentimeter im Durchmesser, die er sich um die Knöchel band. Nun griff er seine Stange, umfaßte den glatten Baum in Schulterhöhe, machte einen kleinen Sprung nach oben und gelangte so in eine Hockstellung, wobei er die Füße gegen die Seiten des Baumstamms preßte. Er hielt sich einen Augenblick fest, während die Schlingpflanze seine Füße gegen den Baum drückte, streckte dann die Beine und schob sich hoch, um den Baum weiter oben umfassen zu können. Dann zog er seine Füße wieder so weit an, daß er abermals die beschriebene Hockstellung einnahm. Mit einer Reihe solcher ruckartigen Bewegungen gelangte er schließlich nach oben in den Wipfel.

Binnen einer halben Minute erreichte Awankamo eine Höhe von etwa zwölf Metern und griff mit seiner Hakenstange nach reifen Chambira-Früchten. Er drehte und wendete den Stock, bis dieser sich an ihren Stielen eingehakt hatte, und nach zehn Minuten waren etwa ein Dutzend oder mehr Früchte auf den Boden gefallen. Behende glitt er am Stamm nach unten, hob eine der Früchte auf und trennte die äußere Schale mit seiner Machete ab, so daß eine Nuß, umgeben von weichem gelbem Fruchtfleisch, sichtbar wurde. Dieses aß er und schnitt die Nuß ein, um ihren Saft auszusaugen. Insgesamt verzehrte er auf diese Weise drei Früchte, den Rest ließ er einfach liegen. Wie ich bei jüngeren Waorani des öfteren beobachten konnte, dient eine solche Übung auch dem bloßen Zeitvertreib.

Wenn man dem elfjährigen Awankamo beim Klettern zuschaute, wirkte die Sache ganz einfach. In Wahrheit jedoch setzte die dabei angewandte Technik große Kraft und Beweglichkeit voraus, wie sie sich die Waorani schon im jugendlichen Alter aneignen. Bei meinem ersten Kletterversuch schaffte ich noch nicht einmal den Aufsprung auf einen Baum. Später konnte ich beobachten, daß die Waorani bei der Jagd sich sogar noch geschickter bewegten, als ich es mir vorgestellt hatte. Bei der Verfolgung von Affen, die vom Boden aus nicht zu sehen, geschweige denn zu fassen waren, kletterten sie auf die höchsten Bäume, wobei sie gleichzeitig in einer Hand noch ein langes, oft mehr als zehn Pfund schweres Blasrohr hielten. In der Baumkrone angelangt, umschlossen sie den Stamm mit den Knien, lehnten sich zum Laden zurück und feuerten aus ihrem Blasrohr – eine eindrucksvolle Vorführung von Kraft und Geschicklichkeit.

Insbesondere in der Zeit von Januar bis April wird die Erntemethode, wie Awankamo sie vorgeführt hatte, bei den Waorani angewandt. Dies ist der Zeitraum, in dem die Chonta-Frucht, eine pfirsichähnliche Nuß, so überreichlich wächst, daß die Waorani sich mit Jagen kaum noch abmühen. Die Chonta reift etwa

Der Aufbau des Waldes

Der ständige Wettbewerb um das Licht der Sonne, in dem sich die auf engstem Raum wachsenden Pflanzen befinden, führt zu einem dreistöckigen Aufbau des Regenwaldes. Die Wipfel der Bäume, die bis zu 40 Meter und höher emporragen, stellen das erste Stockwerk dar. Ihre Zweige greifen ineinander und bilden, von Schlingpflanzen überwuchert, bereits in 25 bis 30 Meter Höhe ein dichtes Blätterdach. Weiter unten, in einer Höhe von 15 bis 20 Metern, drängen sich weniger erfolgreiche Bäume derselben Art mit anderen, die ohnehin nicht höher wachsen. Das unterste Stockwerk schließlich ist der Dschungelboden, wo Licht nur spärlich hingelangt, so daß dort lediglich Sämlinge oder schattenliebendes Buschwerk gedeihen.

Im Gegensatz zu den anderen Lebewesen des Dschungels vermögen allein die Waorani allen drei Stockwerken Nahrungsmittel und andere Produkte abzugewinnen. Der Boden erweist sich dabei als am wenigsten ergiebig; man jagt Hirsche und Wildschweine, die im spärlichen Unterholz leben, und sammelt eßbare Larven aus verfaulenden Baumstämmen. Zu den wenigen nützlichen Pflanzen zählen jene junge Palmen, aus denen man Raffia-Bast herstellt.

Das mittlere Stockwerk bietet schon mehr und versorgt die Waorani mit Schlingpflanzen, Harthölzern und einer Reihe von Früchten. Da Licht nur in begrenztem Maße einfällt, wachsen viele Bäume nur langsam und geben eine karge Ernte. Die weitaus besten Bedingungen herrschen im obersten Stockwerk, wo es das ganze Jahr über reife Früchte und Beeren gibt, die einer großen Vielfalt von Vögeln und anderen auf den Bäumen lebenden Tieren als Nahrung dienen.

Ein Großteil der Reichtümer in den beiden oberen Stockwerken ist den Waorani vom Boden aus zugänglich. Mit seinem Blasrohr kann der Jäger Affen und Vögel in einer Höhe von 30 Metern oder mehr erlegen, und die für den Bau der Hütten notwendigen Palmwedel werden gesammelt, indem man die Palmen einfach fällt, anstatt an ihnen hochzuklettern. Hingegen sind andere Pflanzenprodukte, wie die Chonta-Früchte oder der Kapok, nur mit der Hand zu pflücken.

20 Meter über dem Boden büschelweise an Baumstämmen, die durch ihre nach unten gerichteten Dornen den Kletterer abschrecken. Um sich dennoch Zugang zu den Früchten zu verschaffen, haben die Waorani im Laufe der Jahre direkt neben Chonta-Bäumen andere Bäume mit glatter Rinde gepflanzt.

Im Waorani-Gebiet, wo das gesamte Jahr über beinahe gleichbleibende klimatische Verhältnisse herrschen, kommt diese Zeit unserem Wechsel der Jahreszeiten am nächsten. Sie bezeichnet die Jahreswende der Waorani und leitet unmittelbar über zur „fetten Jahreszeit", einem Zeitraum von zwei Monaten, in dem die Affen, dick geworden vom Genuß der reif gewordenen Früchte, sich besonders wohlgenährt zeigen. Daran schließt sich die „Kapok-Periode" an – Monate, in deren Verlauf die Samen des Wollbaumes zur Reife gelangen und ihre seidigen, haftenden Haare abstoßen, welche die Waorani um ihre Blasrohrpfeile wickeln.

Auf Bäumen finden sich aber nicht nur so wohlschmeckende Früchte wie die Chonta, sondern gelegentlich auch Honigwaben. Um an diese Köstlichkeit zu kommen, klettern die Waorani jedoch nicht in den Wipfel, sondern fällen statt dessen den Baum. Ich machte meine erste Bekanntschaft mit dem Honigsammeln, als eines Tages ein Jäger namens Naenkemo berichtete, er habe hoch oben auf einer Palme ein Bienennest entdeckt. Nur mit einer Axt bewaffnet, führte er eine Gruppe von Erwachsenen und Kindern auf einem Waldpfad zu einer großen, dornenbedeckten Palme; dort angelangt, erblickten wir in einer Höhe von etwa zwölf Metern das Bienennest, einen großen dunklen Klumpen, der einen fast zwei Meter langen Abschnitt des Baumstammes bedeckte. Wie man mir erklärte, bestand der Plan darin, den Baum zu fällen und sich dann blitzschnell ein paar Klumpen der Honigwabe zu greifen, ehe die Bienen einen Gegenangriff starten konnten. Das verspreche ein Riesenspaß zu werden, so hieß es, denn die Bienen seien klein und würden ohnehin nicht stechen – allenfalls ein bißchen.

Nach zehn Minuten hatte man den Baum gefällt, doch das weitere Geschehen nahm einen gänzlich anderen Verlauf als erwartet: Eine Wolke wütender Bienen schoß aus dem Nest hervor und griff an. Die Bienen waren zwar klein, nicht größer als gewöhnliche Fliegen, und stachen auch nicht. Dennoch lösten sie unter uns eine Panik aus – sie stürzten sich wie Kamikazeflieger auf uns und zwickten uns mit unangenehm schmerzhaften Bissen. Noch schlimmer aber war, daß sie sich in Ohren, Nase und Haar festsetzten. Im Nu hatten wir alles Interesse an dem Honig verloren und rannten weg, schlugen uns mit den Händen auf den Kopf und zupften uns unter Schmerzensschreien die toten Insekten aus dem Haar. Dabei mußten wir selbst bisweilen herzhaft lachen über den grotesken Anblick, den wir boten. Wohlweislich unterließen wir einen zweiten Versuch und zogen uns in sicherer Entfernung vom Nest zurück. Als Awankamo wenige Tage später während eines Gewitters, zu einer Zeit also, in der die Bienen erfahrungsgemäß weniger angriffslustig sind, zu der Stelle zurückkehrte, machte er die Entdeckung, daß sich in dem Nest überhaupt nie Honig befunden hatte.

Während meines zweimonatigen Aufenthaltes bei den Waorani habe ich nur einmal Gelegenheit gehabt, Honig zu probieren. Im Astloch eines kleinen Baumes hatte Kadowae ein Nest ausfindig gemacht, das von einer anderen, nicht so gefährlichen Bienenart bevölkert war. Das Nest war fast verlassen, und nachdem er das Loch mit seiner Axt vergrößert hatte, wurde ihm der Honig eine leichte Beute. Die kegelförmige Wabe war alt und löchrig, doch der Honig – fest und dunkel, mit einem sehr kräftigen Aroma – schmeckte köstlich.

Ein weiteres Nahrungsmittel, zu dem sich die Waorani durch Bäumefällen Zugang verschaffen, stellen die Larven einer bestimmten Käferart dar. Ist die Rinde einer Palme von Madenlöchern überzogen, fällen die Waorani den Baum, spalten den Stamm und schneiden aus seinem weichen Inneren die Larven heraus. Auf

Flammen fressen sich durch das Gerüst eines Hauses und hinterlassen eine Rauchwolke. Wenn die Waorani eine Ansiedlung aufgeben, setzen sie oft die Hütten in Brand (rechts), um die vielen Insekten zu vernichten, die sich im Laufe der Zeit überall festgesetzt haben.

meinen Ausflügen zu den Hütten am anderen Flußufer konnte ich oft Frauen beobachten, die aus dem Dschungel kamen, wo sie Palmblätterkörbe geflochten und gelbe Larven in großer Zahl gesammelt hatten. Man aß die Larven roh und lebend oder in einem verglimmenden Feuer geröstet. Ich habe sie einmal probiert: Sie fühlten sich an wie weiche Krabben, strömten einen starken Fischgeruch aus, schmeckten wie Oliven und besaßen einen hohen Fettgehalt. Die Waorani verschaffen sich die Reichtümer des Waldes aber nicht nur, indem sie auf Bäume klettern oder diese fällen. Sie sammeln auch zahlreiche kleinere Früchte, die sich weit verstreut und gut getarnt in Bodennähe befinden. Allein hätte ich im tiefen Dschungel sicher nicht überleben können, doch den Waorani war ihr Lebensraum so vertraut, daß an Nahrung nie Mangel herrschte.

In kleinen Gruppen streiften die Waorani auf der Suche nach Beeren, Larven und Honig ständig im Urwald umher. Doch bald wurde mir klar, daß dabei zwar eine Vielzahl wohlschmeckender Leckerbissen mit hohem Vitamin- und Mineralgehalt abfiel, diese Unternehmungen aber eher aus Zeitvertreib als zu ernsthafter Nahrungssuche stattfanden. In der Hauptsache ernähren sich die Waorani von Maniok, den sie selbst anbauen und der, zusammen mit der bescheidenen Bananen-, Mais- und Erdnußernte, die notwendigen Kohlehydrate liefert.

Ebenso wie beim Sammeln haben sich die Waorani auch beim Feldbau mit einigen Schwierigkeiten auseinanderzusetzen. Das größte Problem bildet der minderwertige Boden. Beim Anblick des riesigen Regenwaldes mag einem das zunächst kaum glaubhaft scheinen, doch mangelt es dem Boden tatsächlich an Nährstoffen. Die Bäume verdanken ihre üppige Pracht nicht dem Boden, sondern ihrem eigenen Versorgungssystem. Durch die Wurzeln, die selten mehr als 40 bis 50 Zentimeter unter die Erdoberfläche reichen, verschaffen sie sich beständig Nährstoffe aus ihren eigenen Blättern, wenn diese abfallen und verfaulen. In diesem stets grünen Gebiet, wo der Boden seit Zehntausenden von Jahren durch das ungünstige Zusammenwirken hoher Temperaturen und heftiger Regenfälle ausgelaugt ist, geht der Zerfallsprozeß der Blätter nicht langsam, wie in unseren Breitengraden, vor sich, wo sich eine nährstoffreiche, dicke Humusschicht bilden kann. Statt dessen bewirken sehr intensive bakterielle Vorgänge im Boden, daß der Humus sich schnell auflöst und die Regengüsse wertvolle Nährstoffe wie Ammoniak, Kalk und Pottasche wegspülen.

Schlägt man Lichtungen, um Raum und Sonne zum Anbau von Feldfrüchten zu erhalten, so fallen die Blätter als Nährstoffquelle für den Boden bald weg, und dieser ist den schweren Regenfällen schutzlos ausgeliefert. Eine von Menschen geschlagene Lichtung kann normalerweise nur eine oder zwei Ernten tragen. Die Waorani haben sich mit diesem unabänderlichen Tatbestand abfinden müssen und schlagen deshalb meist für jede Ernte eine neue Lichtung frei. Die Familien machen sich dabei das Fehlen von Jahreszeiten in ihrer Dschungelregion zunutze und ernten in regelmäßigen Abständen, indem sie drei oder vier Felder anlegen, die dann zu unterschiedlichen Zeiten abgeerntet werden können.

Diese Methode ist um einiges durchdachter, als es den Anschein hat. Allzuoft holzen Menschen von außerhalb große Flächen des Amazonasgebietes ab und zerstören diese Landstriche für alle Zeiten. Ohne den Schutz der Vegetation gehen dem Boden sämtliche Nährstoffe verloren, und die Sonne dörrt ihn aus, bis schließlich eine unfruchtbare, harte und braune Fläche übrigbleibt. Demgegenüber führen die Anbaumethoden der Waorani nicht zu einer ernsten Schädigung ihrer Umwelt. Sie schlagen nur kleine Lichtungen von 40 Ar oder weniger und lassen – was noch wichtiger ist – die gefällten Bäume einfach auf den Feldern liegen, so daß der Boden vor Regen und Sonne einigermaßen geschützt ist.

Sobald die Lichtung geschlagen ist, wird mit dem Anbau begonnen. Maniokstengel aus anderen, schon angelegten Feldern werden inmitten der herumliegenden Bäume eingepflanzt. Außer gelegentlichem Unkrautjäten bleiben die Felder sich selbst überlassen, und die erste Maniokernte kann nach neun Monaten stattfinden. Die reifen Knollen können aber auch, ohne zu verfaulen, noch ein weiteres Jahr im Boden gelassen werden. So läßt sich die Ernte in aller Ruhe einbringen. Der Boden, der nicht nur durch die umgestürzten Baumstämme, sondern auch durch die reifen Maniokknollen geschützt wird, läßt sich etwa zwei Jahre lang zum Anbau nutzen, ehe Schößlinge des Balsabaumes – eine der am schnellsten wachsenden Baumarten des Dschungels – die Lichtung zurückerobern. Nach 30 Jahren ist der Baumbestand voll wiederhergestellt.

Zur Zeit unseres Aufenthalts lebten sechs eng miteinander verwandte Familiengruppen in drei Hütten am Nordufer des Cononaco. Insgesamt hatten sie in der unmittelbaren Nachbarschaft ihrer Ansiedlung 14 Felder angelegt, und etwas weiter abgelegen noch einmal zehn. Bei einem Flug über das Gebiet der Waorani fielen John Wright und mir die zahlreichen, weit verstreuten und nun verlassenen Felder auf. Das blaßgrüne Blätterwerk der Balsaschößlinge hob sich deutlich vom dunklen Grün des umgebenden Dschungels ab.

Geht man davon aus, daß eine Familie je vier Felder von insgesamt 40 Ar Größe bestellt, so läßt sich errechnen, daß die Waorani am Cononaco über einen Zeitraum von 15 Jahren höchstens 2,5 Quadratkilometer Wald roden. Dies gefährdet in keiner Weise die Zukunft des Regenwaldes.

Maniokfelder zur Erntezeit, die mit ihren kreuz und quer übereinanderliegenden Baumstämmen den Dschungel wie durch Bombeneinschläge verwüstet aussehen ließen, wurden mir während meiner ersten Tage bei den Waorani schnell zu einem vertrauten Anblick. Bald sollte ich aber auch ein neu angelegtes Feld näher in Augenschein nehmen können. Eines Morgens war ich eben am Nordufer des Flusses angekommen, als ich das Geräusch eines umstürzenden Baumes hörte. Ich folgte dem Lärm und passierte auf meinem Weg einen Abschnitt des Flusses, wo laut johlende Kinder badeten und sich auf einer schlammigen Sandbank vergnügten. Ein paar Minuten später traf ich auf einen untersetzten Mann mittleren Alters, der inmitten unzähliger gefällter Bäume stand und mit seiner Axt einen weiteren Stamm bearbeitete. Er begrüßte mich mit einem kurzen Grinsen und nahm dann seine Arbeit sogleich wieder auf.

In den folgenden Wochen brachte ich noch viele Stunden in der Gesellschaft dieses Mannes zu. Er hieß Kaempaede und war verheiratet mit Menyimo, der hageren Frau, die mir durch ihre herabhängenden Ohrläppchen bei meinem ersten Ausflug über den Fluß aufgefallen war. Wenn die Waorani institutionalisierte Rangunterschiede überhaupt gekannt hätten, wäre Kaempaede sicher einer der angesehensten Ältesten gewesen. Seine Hütte war mit etwa neun mal vier Metern die größte der drei Hütten am Fluß. Unter seinem Dach lebten die insgesamt 17 Personen, von denen sich viele zu zweit eine Hängematte teilten: seine Frau und die jüngste Tochter; seine verheiratete Tochter Awamae mit ihrem Mann Tedikawae und drei Kindern; eine weitere verheiratete Tochter, Kowane, mittlerweile verwitwet, mit fünf Kindern und drei Waisenkinder – Namo, Wenae und Kome –, deren Vater an Lungenentzündung gestorben und deren Mutter von einer Schlange getötet worden war. Zehn weitere Waorani – drei Familiengruppen – bewohnten die beiden kleineren Hütten, und auch sie waren sämtlich, entweder direkt oder durch Heirat, mit Kaempaede verwandt.

Kurz gesagt, Kaempaede war ein Patriarch, und er war für diese Rolle wie geschaffen. Sein freundlicher Gleichmut schien durch nichts erschüttert zu werden; er galt als der erfahrenste Jäger, der geschickteste Blasrohrschnitzer und

Eine Frau sucht ihren Mann nach Zecken und Läusen ab, während ihre Schwester einem Verwandten den gleichen Dienst erweist. Im Dschungel existiert eine

Vielzahl von Parasiten, die sich am menschlichen Körper festsetzen und die, wenn man sie gewähren läßt, sehr schmerzhafte Beschwerden verursachen.

als glänzender Geschichtenerzähler. Gerne hätte ich sein wahres Alter gewußt; die Waorani zählen nicht ihre Lebensjahre, doch weiß jede Familie genau um die Abfolge von Geburten, Hochzeiten und Todesfällen in ihrem eigenen Kreis, so daß Anthropologen eine Chronologie erstellen und das Alter einzelner Personen bis auf ein Jahr genau ermitteln können. Nach einer solchen Rechnung wäre Kaempaede, schon ein Großvater, entweder 49 oder 50 Jahre alt gewesen. Bei dieser ersten Begegnung sah ich Kaempaede die Axt mit dem Elan eines jungen Mannes schwingen. Neben dem kleinen Baum, den er gerade bearbeitete, standen noch zwei weitere, die schon zur Hälfte eingeschlagen waren. Plötzlich hörte ich krachend Holz zerbersten und hörte Kaempaedes Triumphgeschrei über den Erfolg seiner genau kalkulierten Axthiebe: Der erste Baum fiel genau so, daß er die beiden anderen mit sich riß.

Die neue Lichtung freizuschlagen und einzusäen dauerte beinahe einen Monat, wobei die Arbeit allerdings häufig unterbrochen wurde. Manchmal arbeitete Kaempaede eine Stunde am Tag, manchmal mehrere. In ähnlich unbekümmerter Weise besorgte seine Frau, unterstützt von einer oder zweien ihrer Töchter, das Jäten und Einpflanzen. Wenn die Familie sich den ganzen Tag der Arbeit gewidmet hätte, wäre diese in fünf oder sechs Tagen erledigt gewesen. Das lag durchaus im Bereich des Möglichen, weil Waorani einerseits sehr kräftig und ausdauernd sind und zum andern auch über Äxte und Macheten verfügen, zu denen ihnen Leute von außerhalb verholfen haben.

Bis gegen Ende der sechziger Jahre waren Metallwerkzeuge für die Waorani noch ein echter Luxus – oft konnten sie diese nur durch Überfälle auf Fremde in ihren Besitz bringen –, und viele Stammesangehörige mußten sich der ermüdenden und zeitraubenden Aufgabe unterziehen, durch Schlagen und Hämmern mit Basaltstücken, wie sie gelegentlich auf dem Waldboden zu finden sind, Bäume zu fällen. Eine Lichtung freizuschlagen gilt als Männerarbeit, und zu Zeiten der Steinwerkzeuge war dies der bei weitem härteste Teil der Feldarbeit. Doch mittlerweile stehen Metalläxte und Macheten zur Verfügung, und die Waorani haben auch diesen Bereich der Landwirtschaft, wie viele andere, den Frauen überlassen. Sie pflanzen Maniok und sind auch für die Ernte und die nachfolgende Zubereitung verantwortlich. Die Frauen ziehen die Pflanzen aus dem Boden, brechen die reifen Knollen ab, die wie längliche Kartoffeln aussehen, und tragen sie in ihre Hütten, wo sie dann geschält und gekocht werden. Anschließend ißt man einen Teil der Knollen, meist aber werden sie zerstampft und mit Wasser zu einem breiartigen Getränk vermischt. Dies nennt man *tepae,* eine Bezeichnung, die auf alle suppenähnlichen Getränke angewendet wird, gleich ob diese mit Maniok, Banane oder Chonta zubereitet werden.

Die Frauen stellen *tepae* aus Maniok her, indem sie die gekochten Knollen mit den Fingern zerkleinern und – was ich anfangs als widerwärtig empfand – eine Handvoll davon kauen und in den Topf spucken. Mit dieser Zubereitungsweise, wie sie viele Stämme des Amazonasgebietes kennen, werden dem Maniok Enzyme des Mundbereiches zugesetzt. Diese Enzyme bringen den Gärungsprozess in Gang, und nach ein paar Tagen ist der Brei alkoholisch angereichert. Die Gärung des *tepae* wird von den Waorani jedoch frühzeitig unterbrochen, meist nehmen sie es innerhalb von 48 Stunden zu sich und mischen den Brei mit der dreifachen Wassermenge. Mir selbst schmeckt *tepae* am besten nach dem ersten Tag seiner Zubereitung, es erinnert dann an Buttermilch mit einem kleinen Schuß Alkohol.

Tepae kann als das Hauptnahrungsmittel der Waorani gelten, darüber hinaus aber setzen sie seinen Genuß mit körperlichem und seelischem Wohlbefinden gleich. In ihrer Sprache heißt „Glück" wörtlich „noch eine Schüssel *tepae*". Eine Frau bereitet ihrer Familie *tepae* zum Tagesbeginn, reicht ihrem Mann davon,

Aus Hufspuren in der Umgebung einer mit Regenwasser gefüllten Senke schließen die Waorani, daß sich vor nicht langer Zeit Wildschweine in dem kühlen, lehmigen Wasser gewälzt haben. Aber sie werden nicht vom Jagdfieber gepackt, denn sie wissen, daß es sich bei diesen Spuren um solche der Halsband-Pekari handelt, die schnell und beweglich und dementsprechend schwer zu jagen sind. Die Wildschweine, die sie jagen – in Herden wandernde Weißbart-Pekari –, stellen hingegen eine sehr lohnende Beute dar.

wenn er von der Jagd oder der Arbeit im Walde zurückkommt, und bietet es Fremden als Willkommenstrunk an. Wie sehr die Waorani dieses Getränk schätzen, kommt auch dadurch zum Ausdruck, daß sie die Knappheit an *tepae* mit der Gefahr des Hungertodes gleichsetzen, ganz gleich, über wieviel Nahrungsmittel sie sonst auch verfügen mögen.

Kurz nach unserer Ankunft am Cononaco kündigte eine Gruppe von Waorani – die Bewohner der mittleren Hütte – uns an, daß sie am nächsten Tag nach Dyowetomi, einer Ansiedlung etwa 25 Kilometer entfernt, aufbrechen wolle, wo zu diesem Zeitpunkt nur eine Waoranifamilie lebte. Dort wolle man „Maniok trinken". Dies war ihre Art mitzuteilen, daß sie dort Maniok ernten wollten. Mitsamt ihrer Jagdausrüstung, Kochtöpfen und den in Netzen zusammengerollten Hängematten machten sie sich auf den Weg. Sogar einige ihrer Haustiere – eine Eule, eine Amazone (das ist eine Papageiengattung) und einen Klammeraffen – nahmen sie mit und ließen diese abwechselnd auf ihren Köpfen, Armen und Schultern sitzen. Ich sah sie erst wieder, als ich sie einen Monat später mit Jim Yost und John Wright in Dyowetomi besuchte.

Ihr längerer Aufenthalt in Dyowetomi ließ mich besser verstehen, weshalb die Form der Landwirtschaft, wie sie die Waorani betreiben, eine schweifende Lebensweise erforderlich macht. Mir wurde klar, daß Familien stets dicht bei ihren Feldern leben wollten, damit sie die Ernte ohne Mühe nach Hause tragen konnten. Wenn sie neue Felder in einem anderen Teil des Dschungels anlegen, so werden sie stets in unmittelbarer Nähe neue Hütten errichten. Doch macht es ihnen nichts aus, zwischen älteren und neueren Ansiedlungen hin und her zu ziehen; da sie weiterhin die Felder in der Nähe von drei oder vier Wohnplätzen bestellen, pflegen sie auch alljährlich neue Hütten zu bauen, wenn es ihnen nicht mehr lohnend erscheint, die alten wieder herzurichten.

Die Waorani waren zwar körperlich ohne weiteres in der Lage, größere Strecken zu Fuß zurückzulegen, dennoch fragte ich mich, aus welchem Grund ihre Felder so weit auseinander lagen. Es mußte doch geeignetes Land zwischen Dyowetomi und dem Cononaco geben. Die Erklärung liegt ganz einfach darin, daß die Waorani neben den Notwendigkeiten des Anbaus noch andere wichtige Aspekte zu berücksichtigen haben. Es gilt für Fleisch und Material für den Hausbau Sorge zu tragen. Natürlich könnten sie eine größere Zahl von Feldern an einem Ort anlegen, doch würde dies bedeuten, daß sich dort bald weder Wild fände noch die besonderen Palmenarten, deren Blätter für die Dächer der Hütten benötigt werden.

Daneben haben die Waorani noch einen sehr zwingenden Grund dafür, daß sie ihre Felder und Siedlungen weit verstreut anlegen. Er ist nur aus ihrer Geschichte zu verstehen und liegt in ihrer tief verwurzelten Furcht vor bewaffneten Überfällen. Seit der Gründung des Protektorats ist diese Gefahr zwar einigermaßen gebannt, doch die Erinnerung an blutige Auseinandersetzungen ist bei vielen Waorani noch nicht verblaßt, sei es im Zusammenhang mit eigenen Erfahrungen, sei es durch Berichte anderer. Den Waorani am Cononaco gelten die verschiedenen Wohnplätze als ein Unterpfand ihrer Sicherheit; bei einem überraschenden Angriff haben sie so stets einen Ort, wohin sie sich flüchten können.

Der Aufenthalt bei den Waorani, die sich so glänzend ihrer Umwelt angepaßt haben, ließ mich bald erkennen, daß man in dieser Region durchaus gut leben kann, sofern man nur das Beste aus den Umständen macht. Trotzdem bleibt eine Fülle unangenehmer Begleiterscheinungen und Gefahren bestehen.

Eines der gravierendsten Alltagsprobleme stellen ohne Frage die Insekten dar. Besonders unangenehm tritt dabei eine Vielzahl pelziger Raupen in Erscheinung, deren Haare ätzende Säuren freisetzen, die zu Schwielen und Furunkeln führen und manchmal auch tagelanges Fieber zur Folge haben. Daneben treten verschiedene Arten stechender Ameisen auf, darunter eine Spezies, die man in Ecuador „Konga" nennt. Konga-Ameisen leben in kleinen Kolonien, sind aber außerhalb davon nur einzeln unterwegs – ein Segen übrigens, denn sie setzen sich mit ihren Vorderkneifern auf der Haut fest und spritzen aus dem Stachel am hinteren Teil ihres Körpers Gift. Der dabei auftretende Schmerz geht durch Mark und Bein. Erwachsene Waorani ertragen ihn mit stoischem Gleichmut, während die Kinder laut aufschreien. Aus Erfahrungen heraus, die er am eigenen Leibe gemacht hat, vergleicht Jim Yost diesen Schmerz damit, als ob jemand „deine Haut mit einer Zange packt und diese ein paar Stunden hin und her dreht". Mit geschultem Blick erkennen die Waorani schnell diese größeren Insekten. Allerdings gibt es eine Anzahl kleinster Insekten, die sich unter der Haut festsetzen und die sich niemand vom Leibe halten kann. Wenn mehrere solcher Parasiten gleichzeitig auftreten, müssen auch die Urwaldbewohner um ihre Gesundheit fürchten. Die Waorani suchen sich vor diesen kleinen Quälgeistern zu schützen, indem sie sich jeden Tag gründlich gegenseitig durchkämmen und auf Parasiten hin untersuchen. Gewöhnlich lassen sie die Nägel von Daumen und Zeigefinger lang genug wachsen, um sich damit die Eindringlinge aus der Haut herauszudrücken und herauszukratzen.

Am verbreitetsten unter diesen Peinigern sind die Larven mikroskopisch kleiner, spinnenähnlicher Milben, die sich unter der Haut festsetzen und rote, nadelstichartige Flecken hervorrufen. Wenn die Eindringlinge nicht binnen ein bis zwei Stunden entfernt werden, tritt unvermeidlich eine Infektion auf. Ebenfalls nicht selten – und noch unangenehmer – sind die Larven der tropischen Dasselfliege, auch Pferdefliege genannt. Diese Parasiten, die eine tränenartige Form haben und von winzigen Stacheln überzogen sind, bohren sich in die Haut und rufen, indem sie größer werden, einen stechenden Schmerz hervor.

In Tränen aufgelöst, sucht ein zehnjähriger Junge bei seiner Mutter Trost, nachdem ihn eine etwa drei Zentimeter lange Konga-Ameise in den Finger gebissen hat. Ein solcher Biß ruft qualvolle und anhaltende Schmerzen hervor.

Eines Tages erlebte ich, wie Naenkemo und seine Frau Gami zur gleichen Zeit von der Larve einer Dasselfliege befallen wurden, Naenkemo am Fuß, Gami am Kopf. Kaum hatten sie die Peiniger entdeckt, bildete sich eine Menschentraube um die beiden herum; jedermann beobachtete mit der gebührenden Aufmerksamkeit, die bei solchen Anlässen üblich ist, wie die Larven entfernt wurden.

Jemand begann mit Daumen und Zeigefinger an beiden Seiten der Stelle zu drücken, wo der Parasit sich festgesetzt hatte. Man drückte immer fester, und alle begleiteten den Vorgang mit einem „tsk tsk tsk", einem Geräusch, das auf irgendeine Weise den Wurm herauslocken sollte. Nach ein paar Minuten – und unter allerlei Stöhnen des Patienten – kamen die Parasiten aus ihren winzigen Luftlöchern hervor und wurden weggeworfen.

In ihrer überwiegenden Mehrzahl stellen die anderen Insekten eine Plage, aber keine wirkliche Bedrohung dar. Sandfliegen umschwirren einen, wann immer man im Dschungel oder auf einer freien Lichtung haltmacht; gelegentlich bemerkt man auch Schweißfliegen irgendwo am Körper. Langhaarspinnen nisten oft in den Palmdächern der Hütten, und die kleinen pechschwarzen Wespen sehen zwar bösartig aus, sind aber kaum gefährlicher als ihre gestreiften Artgenossen in den gemäßigten Breiten. Selbst von den Moskitos geht keine allzu große Gefahr aus. Sie übertragen nur einen verhältnismäßig harmlosen Typ von Malaria. Im übrigen haben sie ihre Brutstätten selten auf hügeligen Erhebungen, die ein traditionelles Siedlungsgebiet der Waorani sind, und auch schnellfließende Gewässer wie der Cononaco ziehen sie nicht an.

Shorts und T-Shirt verschafften mir einigen Schutz vor Insektenbissen, andererseits erschien es eindeutig sinnvoller, sich ohne Kleidung im Dschungel zu bewegen. Die Körperhaut transpiriert besser, trocknet schneller wieder, und man fühlt sich insgesamt frischer. In diesem Klima und in solcher Umgebung verschmutzt jede Art von Kleidung sehr schnell und ist ständig durchnäßt, sei es infolge Regens oder durch Schweiß. Die Sachen werden zerrissen, und Schuhe, gleich welchen Materials, fallen bald auseinander.

Zumindest auf Schuhe wollte ich allerdings auf keinen Fall verzichten. Die Waorani bewegen sich mit ihren hornhautbedeckten Spreizfüßen leicht und sicher über die schlüpfrigen Dschungelpfade, trotzdem setzen sie sich ohne Schuhwerk beträchtlichen Gefahren aus. Die Stümpfe von Schößlingen, die man mit der Machete gefällt hat, bilden eine besondere Gefahrenquelle, weil sie hart und scharfkantig sind; man kennt Fälle, in denen sie einen Fuß glatt durchgetrennt haben. Auch die von Bäumen abgefallenen Nadelspitzen können tiefe Fleischwunden verursachen, und häufig kann man im Dschungel erleben, wie ein Waorani innehält und sich abgebrochene Nadelspitzen und Dornen mit der Machete aus der ledernen Haut seines Fußes herauszieht.

Ein anderes Gefahrenmoment, das durch das Tragen von Schuhen wenigstens bis zu einem gewissen Grad ausgeschlossen wird, darf nicht unerwähnt bleiben. Gemeint ist das stets vorhandene Risiko, beim Umherstreifen im Dschungel auf eine Schlange zu treten. Dieser Gedanke hatte mir seit meiner Ankunft bei den Waorani die größte Furcht eingeflößt – nicht ohne Grund, denn dieser Stamm hat die höchste je ermittelte Unfallrate durch Schlangenbisse zu verzeichnen. Vor einigen Jahren brachte eine von Jim Yost durchgeführte Untersuchung zutage, daß von mehreren hundert befragten Waorani 95 Prozent der Männer wenigstens einmal, einige sogar bis zu sechsmal gebissen worden waren. Auch 60 Prozent der Frauen gaben an, mindestens einmal gebissen worden zu sein – ihr Anteil liegt ganz einfach deshalb niedriger, weil sie nicht auf die Jagd gehen. Jäger, die geräuschlos und den Blick nach oben, auf die Bäume, gerichtet durch den Dschungel schleichen, sind natürlich besonders stark gefährdet.

An die zwei Meter über dem Boden schwingen sich zwei Jungen durch ein mit jungen Bäumen bestandenes Dickicht. Beim Hochklettern biegen sich die schlanken Stämme unter dem Gewicht der Kinder und lassen sie in Reichweite des nächsten Baumes gelangen.

Außer Serum hilft bei Schlangenbissen nur ein Mittel, nämlich die Wunde auszuwaschen und durch eine Binde vor einer weiteren Infektion zu schützen. Normalerweise ruft der Biß eine Schwellung hervor, und oft fällt das Opfer in lange Phasen von Bewußtlosigkeit. Sein Schicksal hängt letztlich von verschiedenen Faktoren ab: von Alter und Größe sowie der stets ungewissen Stärke und Menge des Giftes, das in seine Blutbahn gelangt ist. Bei einer zu hohen Giftdosis tritt der Tod durch Blutsturz oder nervösen Schock ein.

Statistiken über Todesursachen bei fünf Waorani-Generationen zeigen, daß nur vier Prozent aller Todesfälle auf Schlangenbisse zurückzuführen sind. In den weitaus meisten Fällen überleben die Opfer, tragen allerdings manchmal eine Verletzung für den Rest ihres Lebens davon. So war zum Beispiel der Zustand von Nyawadaes Bein – die halbe Wade fehlte, und der Fuß war stark nach innen gedreht – die indirekte Folge eines Bisses der Lanzenschlange, einer gefürchteten Giftviper, die bis zu 1,80 Meter lang wird. Ein Serum stand nicht zur Verfügung, und so hatte man die Schwellung nur in heißem Wasser gebadet, die beschädigte Haut entfernt und das Bein mit Blättern umwickelt.

Man weiß zwar von keinem Heilkraut gegen Schlangenbisse, doch haben einige Stämme des Amazonasgebietes beachtliche Heilpflanzenkenntnisse, die ihnen die Behandlung anderer Krankheiten und Verletzungen erleichtern. Die Waorani jedoch haben es auf diesem Gebiet nicht allzuweit gebracht. Sie wählen Pflanzen und Kräuter mehr nach äußerlichen Merkmalen aus – Größe, Geruch, Farbe oder Geschmack –, weniger nach der Heilkraft, die sie vielleicht besitzen. Bei äußeren Verletzungen umwickelt man den betroffenen Körperteil gewöhnlich mit einem Farnkraut, das nachts seine Blätter schließt und damit auch, wie viele Waorani glauben, den Schmerz „wegschließt". Von manchen wird empfohlen, die Blätter

einer langen Pflanze aufzukochen und als Medizin für denjenigen zuzubereiten, der von einer langen Schlange gebissen worden ist, und das gleiche mit den Blättern einer kleinen Pflanze zu tun, wenn es sich um eine kleine Schlange handelt. Bei durchaus unterschiedlichen Beschwerden wie Geburtswehen, Magenschmerzen, Ameisenbissen, Menstruationskrämpfen, Prellungen und Gelenkschmerzen wird oft ein und dieselbe Methode angewandt: Man legt Brennesseln auf die Haut. Das Brennen soll helfen, den Schmerz zu vertreiben.

Es gibt aber auch Waorani, die etwas verfeinerte Mittel anwenden, etwa medizinische Säfte, die man aus aufgekochter Rinde, Brombeeren und verschiedenen anderen Beerenarten zusammenbraut. Gelegentlich erscheinen ihre Behandlungsmethoden durchaus angemessen; so legt man zum Beispiel Lehm als sterilen Schutzverband über offene Wunden oder behandelt Fußpilz, indem man den Fuß im Feuerrauch austrocknen läßt. Im allgemeinen zeigen die Waorani jedoch kein großes Vertrauen in ihre eigenen Heilkünste.

Abgehärtet durch ein Leben in freier Natur, befinden sie sich ohnehin im allgemeinen in ausgezeichneter körperlicher Verfassung, die durch eine sehr wertvolle und ausgewogene Ernährung zusätzlich verstärkt wird. Die Feldfrüchte enthalten Kohlehydrate, das Wildfleisch Proteine, verschiedene Früchte und Beeren liefern Vitamine und Mineralien, und das lehmig-trübe Flußwasser ist bemerkenswert sauber. Die einzigen Mängel ihrer Ernährung bilden der übermäßige Genuß des *tepae* mit seinem hohen Anteil an Kohlehydraten sowie die Tatsache, daß sie kaum solche Nahrungsmittel zu sich nehmen, die auf natürliche Weise ihre Zähne reinigen und somit vor frühem Verfall schützen könnten.

Bezeichnenderweise kennen die Waorani unsere Zivilisationskrankheiten nicht: Krebs, hoher Blutdruck und Koronarthrombose sind ihnen fremd. Bis vor

Eine sechs Meter lange Anakonda gleitet durch das moosbewachsene Unterholz in der Nähe eines kleinen Sees. Anakondas, die längsten Schlangen der Welt, sind nicht giftig; sie winden sich spiralförmig um ihre Opfer, die dadurch ersticken und danach verschlungen werden. Wenn sie nicht gereizt werden, greifen sie Menschen jedoch nur selten an.

ein paar Jahren kannten sie nur solche ernsthaften Krankheiten, die von außerhalb eingeschleppt worden waren, wie Masern, Lungenentzündung und Kinderlähmung. Mittlerweile sind alle Stammesangehörigen von Missionaren dagegen geimpft, und da auch Stammesfehden nicht mehr so viele Opfer fordern, haben sie zum erstenmal in ihrer Geschichte eine höhere Lebenserwartung.

Unter diesen erfreulichen Umständen haben die Waorani um so mehr Grund, Schlangenbisse zu fürchten. Merkwürdigerweise sind es aber nicht die giftigen Schlangen, die sie am meisten fürchten. Statt dessen flößt ihnen eine vergleichsweise ungefährliche Schlange wie die Anakonda einen weitaus größeren Schrekken ein. Diese Schlange, auch bekannt als Wasserboa, ist in Flüssen und Seen anzutreffen und erstickt ihre Opfer – Affen, Nagetiere und auch Kleinwild – im ringförmigen Würgegriff ihres Körpers.

Vor langer Zeit kamen europäische Entdecker aus dem Amazonasgebiet zurück und verbreiteten Schreckensgeschichten von einer mehr als 30 Meter langen Schlange, die auch Menschen verschlingen würde. In Wirklichkeit mißt die größte bisher bekannte Anakonda weniger als zwölf Meter. Im übrigen hat Jim Yost in all den Jahren, die er bei den Waorani lebte, nur einen Augenzeugen aufspüren können, der miterlebt hatte, wie die Anakonda einen Menschen angriff. Zu diesem Vorfall war es nur gekommen, weil ein Kind direkt auf eine solche Schlange getreten war. Die Anakonda griff das Kind an der Schulter, ließ ihr Opfer aber sogleich wieder frei, als die Mutter des Kindes auf sie einschlug.

Dennoch umgeben die Waorani diese Schlange auch heute noch mit einer Reihe halbwahrer oder mythischer Geschichten. Sie nennen die Anakonda *obe,* und der Ausdruck „ein *obe* hat ihn ergriffen" bezeichnet für sie einen Tod, für den es keine einleuchtende Erklärung gibt. Die Waorani am Cononaco sprachen so von einem ihrer Stammesgenossen namens Boya, der seit einem Jahr verschwunden war, als er allein im Fluß schwimmen wollte.

Auch im Weltbild der Waorani nimmt die *obe* einen hervorragenden Platz ein. Nach dem Tod, so sagt man, begibt sich die Seele auf ihren Weg über den Dschungelpfad, der sie zum Himmel führt, wo die Schöpfungsgottheit Waengongi lebt und die Seelen der Verstorbenen in ihren Hängematten zwischen den Sternen ihre Ruhe gefunden haben. Doch jenseits des Pfades lauert eine riesige *obe,* und nur wer sich mit Hilfe einer herabhängenden Schlingpflanze im Sprung über diese hinwegschwingen kann, wird zu Waengongi gelangen. Alle anderen müssen als Tiere oder Insekten, meist Termiten, auf die Erde zurückkehren.

Wenige Wochen nach unserer Ankunft am Cononaco hatte ich zum erstenmal Gelegenheit, eine Anakonda zu sehen. Naenkemo war gerade vom Fischen zurückgekehrt und berichtete völlig außer Atem, er habe in einem See, ein paar Kilometer weiter nordöstlich, eine Anakonda gesehen. Panik habe ihn befallen, und er sei geflüchtet. Als ich von ihm verlangte, er solle mich zu diesem See führen, rief er: „Nein! Nein! Sie wird uns beißen! Wir werden sterben!" Als ich ihm aber ein Messer sowie Angelhaken als Belohnung versprach, erklärte er sich schließlich bereit, uns den Weg zu zeigen.

Am nächsten Morgen folgten John Wright, Jim Yost und ich Naenkemo bis zu einem etwa 400 Meter langen und 50 Meter breiten Gewässer, das von moosbedeckten, aus dem Schlamm emporragenden Bäumen umgeben war. Diese Umgebung konnte einem schon Angst einjagen; es war ein schmutzig-übelriechender Ort, der mir ein idealer Schauplatz für ein Schlangenmonster zu sein schien. Am morastigen Ufer des Sees fanden sich von Ameisen übersäte vermodernde Baumstämme, und um ins Wasser zu gelangen, mußten wir mühsam durch oft knietiefen Schlamm waten, der voller scharfnadliger Blätter von absterbenden Dornenbäumen steckte.

Nachdem wir so gut 50 Meter zurückgelegt hatten, stoppte Naenkemo und wies nach vorn. „Da ist eine *obe!*“ flüsterte er bedeutungsvoll. „Sie ist riesig, riesig, riesig!“ Und tatsächlich, dort lag sie, am Fuß eines mangrovenähnlichen Baumes, der inmitten eines Wirrwarrs von Wurzeln und Zweigen aus dem See emporragte. Den Kopf vorgestreckt, schlängelte sich die Anakonda, auf deren Leib einige Fliegen saßen, langsam durch ein Wurzelgeflecht nach unten ins Wasser.

Nur zwei oder drei Meter der riesigen Schlange waren noch zu sehen – ein etwa 25 Zentimeter breiter Körper mit hellbraun schimmernder Haut, die an einigen Stellen dunkelbraune Flecken aufwies. Doch was wir sahen, genügte uns vollauf. Die Anakonda bot einen wirklich furchterregenden Anblick; wenn man sie in dieser düsteren Umgebung sah, konnte man verstehen, daß sie bei den Waorani solche Ängste hervorruft.

„Ich habe furchtbare Angst“, schrie Naenkemo, der sich auf einen Baum, hoch über der langsam den Blicken entschwindenden Schlange in Sicherheit gebracht hatte. „Sie wird mich beißen! Ich habe Angst, daß ich sterben muß!“ Nach einer endlos scheinenden Minute war die Anakonda endlich verschwunden. Wir gesellten uns zu Naenkemo auf den Baum und warteten. Nur ein paar Minuten später tauchte die Schlange unter uns wieder auf. Mit elegant und leicht wirkenden Bewegungen glitt sie, sich windend und wendend, ins Wasser des Sees. Danach wandte sie sich um und blieb mit dem Kopf auf einem kleinen Holzstumpf nur 15 Meter entfernt von uns liegen. Jetzt sahen wir, daß sie ungefähr sechs Meter lang war. Wir warfen mit Stöcken nach ihr, aber trotz einiger Treffer rührte sie sich nicht vom Fleck.

Nach unserer Rückkehr zu Naenkemos Hütte fragten Jim Yost und ich ihn nach seiner Angst vor Schlangen. „Beißen *obe* tatsächlich die Waorani?“

„Nein“, gestand er ein, „nur Giftschlangen beißen.“

„Warum haben dann die Waorani solche Angst vor dem Biß der Anakonda?“

„Weil wir uns vor ihrem Biß fürchten!“

„Hat denn jemals eine gebissen?“ Jim Yost ließ nicht locker. „Sind deine Vorfahren jemals gebissen worden?“

„Nein, das hat es nie gegeben.“

„Hat denn eine *obe* jemals einen Menschen gefangen oder zu Tode gedrückt?“

„Nein, auch davon weiß ich nichts.“

„Was ist denn mit Boya? Ist er nicht der *obe* zum Opfer gefallen?“

„Nein, das sagen wir nur so. Der Fluß führte damals viel Wasser, und vielleicht hat der ihn einfach fortgetragen.“

„Also, wovor fürchtet ihr euch?“

Ich begann zu verstehen, daß diese Furcht, wie vor Jahrhunderten die der europäischen Entdecker vollkommen irrational und dennoch wirklich war. Es war eine Furcht, die der ungeheuren Größe und Kraft der Schlange entsprang, eine Furcht, in der sich die Gefahren der Dschungelwelt manifestierten.

Sehr bedacht gab er uns eine Antwort auf die letzte Frage: „Wir haben Angst“, sagte er, „wir *wollen* nicht, daß sie uns beißt.“

Reichtümer des Dschungels

Der tropische Regenwald versorgt die Waorani überreichlich mit allem, was sie zum Leben brauchen. Von Bäumen und Sträuchern pflücken sich die Familien Dutzende verschiedener Früchte und Beeren. Beständig halten sie Ausschau nach Honig; wenn sich ein Bienennest außer Reichweite hoch oben auf einem Baum befindet, so wird dieser einfach gefällt. Es gelingt ihnen mühelos, Palmen ausfindig zu machen, deren Stamm im Innern von Larven nur so wimmelt; diesen spalten sie dann, um sich die weichen, fleischigen Stückchen herauszunehmen. An Flußufern achten sie stets auf Eier, welche die Schildkröten in den Sand zu legen pflegen.

Doch selbst die Waorani sind auf die Hilfe des Zufalls angewiesen, wollen sie derlei Dinge im Dschungel finden. So bauen sie einige der wildwachsenden Pflanzenarten an, um immer mit lebenswichtiger pflanzlicher Nahrung versorgt zu sein. Dazu gehört der Chonta-Baum, der kurzfristig betrachtet wenig Nutzen bringt, da er vor Ablauf von mindestens sechs Jahren keine Früchte trägt, selbst wenn er auf einer freigeschlagenen, sonnenreichen Lichtung angepflanzt worden ist. Danach wirft er jedoch alljährlich und über Jahrzehnte hin eine reichliche Ernte ab, und selbst wenn die Waorani längst schon von den Anbaustätten weggezogen sind, verlieren sie diese doch nicht aus den Augen, sondern kehren jedes Jahr dorthin zurück, um die Ernte einzuholen.

Daneben bauen die Waorani den Barbasco an, einen Strauch, der unmittelbar nach der Maniok-Ernte auf den Feldern wächst. Die Frauen zerkleinern die Blätter dieser Pflanze in Erdlöchern und gewinnen damit eine Substanz, die für Fische giftig ist. Schüttet man dieses Gift, einen milchig-weißen Saft, in einen Bach, so werden die kleineren Fische getötet und die größeren betäubt. Auf diese Weise bringen die Waorani, die keine guten Fischer sind, ein wenig Abwechslung in ihren Speisezettel.

Neben Nahrungsmitteln bietet der Dschungel eine Fülle anderer Materialien, von Holz für die Waffen über Palmblätter für das Hausdach bis hin zu Palmfasern, aus denen die Hängematten hergestellt werden. Kürbisse – genauer gesagt, die getrockneten Früchte verschiedener Baumarten und Kletterpflanzen – dienen den Waorani als Behälter und Suppenschalen. Der Saft der *daboka*-Frucht gilt als hervorragendes Haarpflegemittel, und mit einem roten Farbstoff aus den Samen der Achiote-Frucht malt man Blasrohre an oder verwendet ihn bei festlichen Anlässen als Körperfarbe.

Beim Sammeln im Dschungel legt ein Waorani eine kurze Pause ein, um von den traubenähnlichen Früchten eines Baumes zu kosten.

Kinder, die im Wipfel eines traubentragenden Baumes kauern, lösen mit einem hakenförmigen Stock Früchte von einem benachbarten Chonta-Baum, der wegen seiner dornigen Rinde von den Waorani nicht erklettert wird.

Ein Junge reicht ein zehn Pfund schweres Chonta-Büschel an einen Freund weiter, der damit am Stamm herunterrutschen wird. Die Chonta-Früchte sehen zwar wie Pfirsiche aus, sind aber in rohem Zustand ungenießbar.

Eine Familie sammelt pfundweise Maden aus dem Innern eines alten Baumes, den man gespalten hat. Einige dieser Larven (kleines Bild, links) werden sofort verzehrt, die anderen zu Hause in der Asche des Feuers geröstet.

Ein Mann hat den Astknorren eines Baumes abgeschlagen, wo er ein Bienennest entdeckt hat, und streckt seine Hand hinein, um die Wabe herauszuholen.

Die Samen der dornigen Achiote-Frucht (kleines Bild, unten) werden mit der bloßen Hand zerdrückt, um einen scharlachroten Saft auszupressen, mit dem die Waorani ihre Körper bei festlichen Anlässen bemalen. Aus Holzkohle gewinnen sie ein Schwarz und aus einem bestimmten Pilz eine gelbe Farbe. Ebenso stellen sie eine Fülle anderer Farben aus Säften von Bäumen und Sträuchern des Urwalds her.

Auf diesem Feld wachsen Barbasco-Sträucher. Aus den Blättern der Pflanze gewinnt man ein Gift, das die Atmungsorgane der Fische angreift, so daß sie keinen Sauerstoff mehr aufnehmen können. Beim Fischfang (rechts) streuen Frauen das Gift in einen langsam dahinfließenden Bach; zwei oder drei Minuten später fangen sie mit großen Netzen die toten Fische ein. Fische, die nur betäubt sind, werden mit einem kräftigen Biß getötet.

Drei | Die Jagd im Regenwald

Wenn ich an die Tage zurückdenke, die ich bei den Waorani verbracht habe, erinnere ich mich seltsamerweise an nichts lebhafter als an die endlosen Stunden der Jagd im Regenwald. All die Erschöpfung und Mühsal, die ich bei der Jagd auf Wildschweine, Affen und Vögel auf mich nehmen mußte, verblassen im Rückblick gegen das überwältigende Gefühl erfolgreich bestandener Abenteuer. Auch die Waorani selbst geben sich gern solchen wehmütigen Erinnerungen hin. Der Nervenkitzel der Jagd und die stolze Heimkehr mit der frisch erlegten Beute haben sich den Jägern tief eingeprägt, und immer wieder lauschen Freunde und Familie gespannt den dramatischen Schilderungen ihrer Jagdabenteuer. Anstrengungen und Gefahren solcher Unternehmungen scheinen nicht der Rede wert und sind bald vergessen, sobald der Jäger sicher zurückgekehrt ist.

Eine solche Einstellung wäre nicht weiter verwunderlich, wenn die Waorani nur zu ihrem Vergnügen auf die Jagd gingen. Diese bildet indessen einen wichtigen Bestandteil ihres Lebens, denn das Fleisch liefert die Proteine, die ihrer eher stärkehaltigen Ernährung sonst fast völlig fehlen würden. Das Jagen ist eine mühsame und stets gleiche Beschäftigung, doch sooft man auch für die nächste Mahlzeit weit in den Dschungel hinausziehen muß, niemals sieht man darin nur eine lästige Notwendigkeit.

Die Lust an der Jagd entspringt zwei verschiedenen Quellen. Zunächst ermöglicht sie dem einzelnen Waorani, seine Persönlichkeit voll auszuleben. Oft zieht man alleine oder nur mit einem zweiten Jagdgenossen los; manchmal schließt man sich einer größeren Gruppe an, innerhalb derer man sich aber nie gegenseitig kontrolliert oder Befehle erteilt. Oft habe ich erlebt, wie einer der Jäger auf der Suche nach Fährten die Führung übernahm, aber schon bald von einem anderen abgelöst wurde, der sich anscheinend besser zurechtfand.

Daneben gilt es, die ideale Ausgewogenheit zwischen dem, was die Natur bietet, und den Bedürfnissen der Menschen zu bedenken. Im Gebiet der Waorani ist nur wenig Wild anzutreffen, und diesem nachzustellen erweist sich für den Jäger als echte Herausforderung. Es bedarf all seiner Erfahrung und seines Geschicks, um im Unterholz Wildschweine auszumachen oder mit einem Pfeil einen Affen zu treffen, der sich hoch auf einem Baum versteckt hält. Gleichzeitig stehen genügend andere Nahrungsquellen zur Verfügung, so daß die Angst vor Mißerfolgen ebenso entfällt wie der Zwang, ums Überleben kämpfen zu müssen. So erklärt sich, daß die Jagd oft in einer Atmosphäre echter Kameradschaft verläuft.

Mit der Art und Weise, wie die Waorani jagen, machte ich knapp eine Woche nach unserer Ankunft am Cononaco eher durch Zufall Bekanntschaft. Zusammen mit John Wright und Sam Padilla war ich über den Fluß geschwommen, um der kleinen Ansiedlung am Nordufer einen Besuch abzustatten. Bei unserem Eintref-

fen konnten wir eine Waorani-Frau beobachten, die, aus dem Dschungel kommend, zu einer der drei Hütten rannte. Sie trug zum Essen bestimmte Larven in einem aus Palmblättern geflochtenen Korb und rief, mit einem Arm in Richtung Urwald zeigend, ganz aufgeregt: „*Odae! Odae!*“

Im Nu setzte auf der Lichtung eine hektische Betriebsamkeit ein. Männer ergriffen ihre Speere, Kinder liefen schreiend umher, Frauen ließen ihre Hausarbeit liegen. Von Sam erfuhr ich, um was es eigentlich ging. *Odae* bezeichnet in der Sprache der Waorani das Weißbart-Pekari, eine der beiden in dieser Region anzutreffenden Wildschweinarten. Das Grunzen einiger solcher Tiere hatte die Frau beim Larvensammeln im Wald aufgeschreckt. Jetzt würden sich alle gesunden und kräftigen Männer zur Jagd aufmachen. Später konnte ich feststellen, daß die Wildschweinjagd im Unterschied zur Jagd auf andere Tiere stets als gemeinschaftliche Unternehmung stattfand, da die Waorani auf diese Weise mit mehr Aussicht auf Erfolg und in einem größeren Gebiet jagen konnten.

Im Bereich des Cononaco, so erklärte mir Sam, stoße man allmonatlich ein- oder zweimal auf Spuren umherziehender Weißbart-Pekaris, und jedes Mal rufe der Anblick frischer Spuren oder das Schnaufen und Grunzen der Tiere unweigerlich die größte Aufregung hervor, da diese Wildschweinart – anders als sämtliche anderen Tiere des Regenwaldes – in großen Herden bis zu 200 Tieren auftritt. Sie stellen für die Waorani keineswegs eine leichte Beute dar, doch wollen diese sich die Gelegenheit nicht entgehen lassen, ein oder zwei Tiere einer Herde zu erlegen. Dabei können die Jäger leicht den Schnauf- und Grunzgeräuschen folgen, denn die Tiere bewegen sich nur schneller, wenn sie Angst haben. Selbst wenn sie angegriffen werden, zeigen sie sich selten gefährlich, obwohl sie einem mit ihren gebogenen Hauern böse Wunden beibringen können. Sie sind leichter zu stellen als die Halsband-Pekari, die sich sehr schnell und nur in kleinen Gruppen bewegen, so daß der Jäger kaum Aussicht auf Erfolg hat.

Die erwähnten Hauer bereiteten mir zwar einige Sorgen, doch wollte ich unbedingt an der Jagd teilnehmen. Sam, der selbst schon zahllose Wildschweinjagden mitgemacht und zu derlei Anstrengungen keine Lust mehr hatte, wies mich warnend darauf hin, daß die Jagd vielleicht den ganzen Tag dauern werde und ich vielleicht mit den Jägern nicht würde Schritt halten können. Als er aber bemerkte, wie sich auch einige jüngere Frauen anschickten, den Jägern zu folgen, betraute er Wenae, ein kräftig gebautes Mädchen von etwa 19 Jahren, mit der Aufgabe, auf mich achtzugeben. In der Zwischenzeit hatte sich ein halbes Dutzend Männer und ältere Jungen, jeder mit ein oder zwei Speeren ausgerüstet, schon auf den Weg gemacht. Sie liefen das Flußufer entlang in nordwestlicher Richtung, überquerten Kaempaedes kleines Feld und verschwanden im Dschungel. Die Nachhut bildeten außer mir Wenae und zwei andere ebenso stämmige Mädchen sowie Odaewa, der Junge mit den sechs Fingern.

Odaewa und die jungen Frauen – Wenae, Dabo und Gami – setzten alles daran, die Jäger einzuholen. Sie legten von Beginn an ein forsches Tempo vor, mit schnellen Schritten sich voranbewegend, bisweilen laufend, und nach 25 Minuten waren sie so tief in den Dschungel eingedrungen, daß ich jegliche Orientierung verloren hatte. Barfuß und nackt wie sie waren, schienen sie durch den Wald zu gleiten, mühelos, beständig lachend und redend. Ich dagegen, in T-Shirt, Shorts und Stiefeln, kam nur mühsam und stolpernd vorwärts, fiel über Wurzeln oder rutschte auf dem lehmigen Boden aus, kletterte ungeschickt über umgestürzte Bäume und bewegte mich schwankend über die gefällten jungen Bäume, welche die Überquerung von Bächen erleichtern sollten.

Endlich hatten wir die Männer eingeholt. Wir legten nun alle paar Minuten kurze Pausen ein, und die Jäger lauschten nach Geräuschen, die das Wild verraten könnten. Ich konnte nicht mehr als das allgegenwärtige Summen der Insekten ausmachen, aber die Waorani flüsterten nach einem solchen Halt aufgeregt miteinander und schlugen einen neuen Weg ein. Immer häufiger wurden nun die Pausen, und immer länger dehnten sich die Phasen atemloser Stille aus. Man gestikulierte und zeigte mit den Armen, und wenn die Jäger einander aus den Augen verloren, machten sie sich durch einen Schnalzlaut mit der Zunge wieder bemerkbar. Dieses Geräusch verscheuchte Wildschweine nicht, da es das Knirschen ihrer Zähne beim Fressen täuschend ähnlich nachahmte.

Odaewa hielt sich vor mir, dichter bei den anderen Männern, und manchmal, wenn er sein Tempo verlangsamte, hätte er mich mit seinem langen, um die Schulter gebundenen Speer fast in die Augen gestoßen. Dann ging es wieder im Laufschritt, abseits des Pfades, quer durch den Urwald. Ich sehe noch verschwommen vor mir, wie ich durch das Unterholz stürzte, Bäche überquerte und braunen Körpern folgte, die durch das dichte Blattwerk huschten. Schließlich erreichten wir einen neuen Pfad, und alle hielten an. Abermals sprachen die Jäger flüsternd miteinander, und dann gab mir einer von ihnen einen Speer. Ich vermutete, daß der Höhepunkt der Jagd unmittelbar bevorstand.

Alle Jäger begannen nun, das Gelände entlang des Pfades auszukundschaften, verschwanden dabei zunächst in diese, dann in die genau entgegengesetzte Richtung, während die drei Mädchen und ich solange zurückblieben. Minute um Minute verging, und ich beschäftigte mich damit, meinen Speer zu untersuchen. Er bestand aus einem gut vier Meter langen Schaft aus Chonta-Holz, besaß eine gezackte Spitze und drei Widerhaken, welche die Beute festhalten sollten. Die Waorani benutzen den Speer nur ungern als Wurfgeschoß, weil sie fürchten, ein verwundetes Tier könnte damit ins Unterholz entkommen. So wird ein Jäger stets versuchen, das Wildschwein niederzustechen und es mit den Widerhaken, die sich in der Beute festgesetzt haben, bis zu dessen Tod festzuhalten.

Im Grunde sehen die Speere alle ähnlich aus, sie unterscheiden sich aber in den Einzelheiten, so daß ein Waorani seine eigene Waffe ohne Mühe wiedererkennen kann. Die Speere variieren nach Länge und Gewicht; die meisten ziert am unteren Ende des Schaftes ein Schmuck aus Vogelfedern, einige zeichnen sich durch Griffstücke aus, die bisweilen kreuzweise und sehr weit, bisweilen parallel und sehr eng mit Schlingpflanzen überzogen sind. Es gibt Speere ohne Widerhaken, andere mit bis zu fünf solcher Haken. Bei meinem Speer befand sich das eng umflochtene Griffstück etwa in der Mitte des Schaftes, den rundum ein halbes Dutzend blauer und roter Federn schmückten; und wie bei allen Speeren war auch hier das Endstück zu einer Art Klinge geschärft, einer zusätzlichen Waffe für den Fall, daß die Speerspitze abbrechen sollte.

Regungslos und voller Konzentration hält ein Waorani-Jäger seine Blicke auf das Blätterdach des Dschungels in 30 Meter Höhe gerichtet und lauert auf ein Lebenszeichen von Vögeln oder Affen. Hat er eine Beute ausgemacht, nimmt er etwas Kapok aus dem Kürbis, den er vor der Brust trägt, und umwickelt damit einen Pfeil, den er nach dem Anvisieren des Zieles mit dem Blasrohr abschießt.

Während die Mädchen, dicht beieinanderstehend, leise kicherten, versuchte ich, wie es beim Sport die Speerwerfer tun, meinen Speer in der Balance zu halten. Plötzlich brach das Kichern ab, und die Mädchen zuckten vor Schreck zusammen. Ich hatte nicht bedacht, daß die Waorani im Speer immer noch eine Waffe sehen, die nicht nur gegen Tiere, sondern auch gegen Menschen gerichtet werden kann. In dem Moment kehrten die Jäger zurück, zu meiner Überraschung in Begleitung Tedikawaes, des Schwiegersohnes von Kaempaede. Weder er noch sein Schwiegervater hatten sich nämlich bei Beginn der Jagd in der Siedlung aufgehalten. So war anzunehmen, daß Tedikawae nach seiner Rückkehr noch rechtzeitig von der Jagd erfahren hatte und auf einem anderen Weg zu uns gestoßen war.

Über der Schulter trug Tedikawae ein altmodisches, mit einem Lauf versehenes Gewehr, bei dem es sich, wie ich später erfuhr, um das einzige Gewehr der Waorani-Gruppe am Cononaco handelte. Er hatte es als Geschenk von einem Verwandten aus der Waorani-Gruppe erhalten, die etwa 50 Kilometer entfernt in der Nähe des Yasuni-Flusses lebte. Dieser Verwandte wiederum war durch einen Priester des Kapuzinerordens, der in der ostecuadorianischen Stadt Nuevo Rocafuerte lebte, in den Besitz der Waffe gekommen. Der Priester fuhr in Abständen von einigen Monaten in einem Kanu mit Außenbordmotor den Yasuni hinauf und hatte stets Metalltöpfe und -pfannen, Medikamente, Kleidung und gelegentlich auch das eine oder andere Gewehr sowie Kisten mit Patronen bei sich – alles Gegenstände, die er verschenkte. Obwohl das Gewehr genaugenommen Tedikawae gehörte, machte dieser keinerlei Besitzansprüche geltend. Jedem Waorani der Cononaco-Gruppe, dem es gelungen war, sich von fremden Besuchern oder von Waorani des Yasuni-Gebiets Patronen zu verschaffen, stellte er das Gewehr zur Verfügung.

Mittlerweile war um mich herum ein allgemeines Flüstern zu hören, man lachte leise und gab Grunzgeräusche wie die der Wildschweine von sich; es schien, als sei der Standort der Tiere bekannt. Und wieder zogen wir los, diesmal in langer, ungeordneter Reihe durch dichtes Unterholz, an der Spitze schnell, doch geräuschlos die Männer, die ihre Speere bereithielten. Odaewa bedeutete mir, mit den Frauen zurückzubleiben, und signalisierte mir anschließend durch Handbewegungen, daß ich auf einen Baum klettern solle, wenn Gefahr im Verzuge sei.

Plötzlich krachte in dem Dickicht unmittelbar von uns ein Schuß durch die Stille. Man vernahm das Donnern von Hufen, die Schreie der Jäger und das Geräusch von Körpern, die durch das Dickicht stürzten. Dann, nur Sekunden später, herrschte wieder Totenstille. Die Männer waren auf ihrer Verfolgungsjagd irgendwohin verschwunden, während ich ihre Beute noch nicht einmal flüchtig zu Gesicht bekommen hatte. Auch die drei Mädchen liefen jetzt auf das Dickicht zu, und ich rannte hinter ihnen her. Sekunden später wurde ein zweiter Schuß abgefeuert, und wieder folgte das Trampeln der Hufe. Man hörte unsichtbare Körper durch das Unterholz brechen, dann trat eine erneute Stille ein, die diesmal jedoch länger währte. Wir schienen allein zurückgeblieben zu sein.

Die Mädchen riefen nach den Männern und begannen aus unerfindlichen Gründen zu lachen, als sie keine Antwort erhielten. Dann beruhigten sie sich wieder und setzten sich in Bewegung, wobei sie das Unterholz um uns herum stets aufmerksam im Auge behielten. Etwa fünf Minuten später stießen wir auf ein totes Wildschwein, das am Fuß eines Baumes lag. Es war ein kräftiges, schwarzes Tier mit groben Borsten, etwa einen Meter lang und mit dem unverwechselbaren Kennzeichen des Weißbart-Pekari – einem unregelmäßigen weißen Flecken am Unterkiefer. Man hatte es durch einen Schuß und durch Speerstiche getötet. Eines der Mädchen gab dem Tier einen kräftigen Fußtritt, um sicherzugehen, daß es tot war. Dann zog es die Lippen des Schweines hoch und prüfte, ob sich aus seinen

Zähnen ein Halsband anfertigen ließe. Es war offenbar die Aufgabe der Mädchen, die erlegten Tiere zu finden und zur Siedlung zurückzutragen, während die Männer die Herde weiterverfolgten.

Die drei untersuchten noch die Beute, als aus einem Gebüsch ein Grunzen zu uns herüberdrang. Sie eilten dorthin und entdeckten ein zweites Schwein, das durch einen Gewehrschuß getroffen war, sich aber noch bewegte. Gami, das älteste der Mädchen, ergriff meinen Speer und stieß ihn dem Tier in die Seite, das sich daraufhin ein letztes Mal bewegte. Dann versuchte sie den Speer wieder herausziehen, doch die Widerhaken saßen zu tief und zu fest. Einen Fuß gegen den Körper des Tieres gestemmt, gelang es mir schließlich, den Speer freizubekommen. Unterdessen schlug Wenae mehrmals mit den Händen gegen den Körper des Schweines – eine Handlung, die ich erst später verstehen sollte.

Mit Hilfe der anderen lud sich Wenae die Beute auf den Rücken. Sie hielt den Kopf des Tieres, das ihr über die Schulter hing, fest umklammert und bewegte sich so durch das Unterholz, dann warf sie das Pekari neben dem zuerst gefundenen auf den Boden. Nun beugte sich Gami vor, packte eines der Schweine und machte offenbar Anstalten, es hochzuheben und nach Hause zu tragen. Ich zeigte auf das Tier und dann auf meinen Rücken. Gami hatte verstanden und half mir, das Schwein auf meinen Rücken zu packen. Seine Vorder- und Hinterbeine hingen mir über die Schultern, und sein fester Bauch lastete mir von hinten schwer im Genick. Ich schätzte das Gewicht des Tieres auf etwa 60 Pfund.

Dabo hatte die Zeit genutzt, die Vorder- und Hinterbeine des anderen Schweines mit Ranken zusammenzubinden, damit man es leichter auf dem Rücken tragen konnte. Sie steckte ihre Arme durch die zusammengebundenen Beine des Tieres, lud es sich auf den Rücken und bewältigte den Rückweg anscheinend mühelos. Dagegen schien mir meine Last um so schwerer zu sein. Um das Tier überhaupt halten zu können, konnte ich mich nur vornübergebeugt bewegen, und nach den ersten vier- oder fünfhundert Metern schmerzten mir Hals und Rücken schier unerträglich. Zu allem Überfluß gerann das Blut des Schweines auf meinen Schultern, und der Gestank stieg mir in die Nase. Ich ließ das Tier zu Boden fallen und zeigte auf ein paar Schlingpflanzen.

Die Mädchen banden die Füße des Wildschweins provisorisch zu Schulterschlaufen zusammen und luden es mir dann wieder auf den Rücken. Die Last erschien mir nun um einiges leichter, doch immer noch schwer genug. Der Kopf des Tieres baumelte an der Seite und stieß gegen Zweige am Rande des Pfades, die Beinknochen rieben sich gegen meine Schultern, und ich mußte höllisch

In der Hoffnung, sein Opfer herauszulocken, ahmt ein Jäger, ausgerüstet mit Blasrohr, den Schrei des Ameisenvogels nach, wobei er mit den Fingern ein Zwitschergeräusch hervorbringt (oben links). Später imitiert er den Ruf des Tukan, indem er durch ein zusammengerolltes Blatt Luft ansaugt (oben, rechts). Auch Papageien, Guanhühner und Aras vermag er ebenso täuschend ähnlich zu imitieren.

aufpassen, um auf dem schlüpfrigen Waldpfad nicht auszurutschen oder über versteckte Baumwurzeln zu stolpern. Ganz anders Dabo, die sich, obwohl erst 17 Jahre alt, ohne solche Schwierigkeiten mühelos vorwärtsbewegte. Die beiden anderen Mädchen hinter mir kicherten ununterbrochen und machten sich einen Spaß daraus, nachzuäffen, wie ich schwer atmend vor mich hin fluchte.

Ich mußte über so viele umgestürzte Baumstämme klettern, daß ich schließlich Krämpfe in der Wadenmuskulatur verspürte. Einmal rutschte ich dicht neben einem Bach sogar aus und stürzte auf den matschigen Boden. Die Mädchen lachten und machten keinerlei Anstalten, mir aufzuhelfen. Zunächst empfand ich dies als merkwürdig, doch wurde mir nach genauerer Überlegung klar, daß sie nur deshalb untätig geblieben waren, weil ich mir mein Los ja selbst ausgesucht hatte. Es war allein meine Entscheidung gewesen, das Schwein zu tragen, und wenn ich Hilfe wollte, so würde ich danach fragen müssen. Unter den gegebenen Umständen blieb mir keine andere Wahl, als mich auf dem lehmigen Boden auf den Bauch zu rollen, das Tier nach oben auf die Schulterblätter zu schieben, mich dann hinzuknien und in gebückter Haltung wieder auf die Beine zu kommen.

Gerade als ich mich mit meinen Kräften am Ende glaubte, erreichten wir den Cononaco und erspähten ein Stück urbar gemachtes Land. Die drei Hütten konnten nicht mehr weit sein. Mühsam schleppte ich mich auf die Siedlung zu und vernahm als Begrüßung das gewohnte rauhe Krächzen des Karakara. Schließlich schob ich mich gebückt durch den Eingang von Kaempaedes Hütte und ließ meine Last fallen. Dabo war schon vor mir eingetroffen und saß, ohne irgendwelche Spuren der vorangegangenen Anstrengungen, in ihrer Hängematte.

Erst als ich am späten Vormittag, zurück auf der anderen Flußseite, meine Jagderlebnisse mit Sam besprach, wurde mir klar, was eigentlich passiert war. Sam versicherte mir, daß ich nie in Gefahr gewesen war, mich zu verirren. Wir hatten nur etwa acht Kilometer zurückgelegt, das bedeutete für einen Waorani nicht mehr als einen Spaziergang; jedermann hatte im übrigen beständig gewußt, wo ich mich befand. Außerdem verdiente eine Jagd von nur zwei Stunden kaum diese Bezeichnung. Es galt als ausgesprochener Glücksfall, in so unmittelbarer Nähe der Hütten auf eine Wildschweinherde zu treffen. Oft brauchte man einen ganzen Tag, um die Tiere aufzuspüren und zu erlegen, und nicht selten legten Jäger 30 und mehr Kilometer zurück und schliefen im Freien, von Kälte und Ameisenbissen geplagt, ehe sie am nächsten Tag die Fährte wieder aufnahmen.

Gegen Nachmittag begaben wir uns wieder zurück zum anderen Flußufer, wo wir 15 Frauen und Kinder um die zwei toten Wildschweine versammelt fanden, die vor Kaempaedes Hütte im Gras lagen. Nur ein einziger Mann war dabei: Naenkemo, der zu Beginn der Jagd unterwegs gewesen war, um Bäume zu fällen. Aus der Nähe sahen wir, wie drei Mütter die Hände ihrer kleinen Kinder gegen den Körper der Tiere schlugen – so wie es Wenae im Dschungel getan hatte. Eine der Frauen erklärte uns den Sinn des Rituals: Es sollte den Jungen helfen, „schnell und voller Tatendrang wie die Wildschweine" aufzuwachsen, und es sollte dazu beitragen, daß bei der ersten Maniokernte der Mädchen die Früchte „so groß wie Wildschweine" ausfielen. Dieses bildete eines der wenigen Rituale, die vom Stamm der Waorani durchgängig praktiziert werden.

Normalerweise genießt bei den Waorani der Jäger, der ein Tier zur Strecke gebracht hat, auch das Vorrecht, dieses zu zerlegen und das Fleisch auf Familie und Freunde zu verteilen. Bei den Cononaco-Waorani mit ihren sehr engen verwandtschaftlichen Beziehungen bedeutet dies, daß praktisch jeder einen Anteil bekommt. An diesem Abend allerdings erwartete man die Jäger nicht vor Einbruch der Dunkelheit zurück, und so übernahm Naenkemo die Aufgabe, das Tier mit der Machete zu zerteilen. Kaum hatte er die Arbeit aufgenommen,

Ein noch jugendlicher Jäger, der seine Beute – eine Tangare mit gelber Brust – unter sein Hüftband gesteckt hat, kehrt nach Hause zurück. Mit nicht-giftigen Pfeilen und kleineren, gut zwei Meter langen Blasrohren ausgerüstet, ziehen die Jungen schon im Alter von neun Jahren zu kurzen Ausflügen in den Dschungel, wobei sie nur kleinere Tiere jagen.

begannen die Eingeweide der Tiere einen üblen Gestank über die gesamte Lichtung zu verbreiten. Einen Teil der Eingeweide warf man dem Königsgeier, der unter seinem Schutzdach thronte, zum Fraß vor. Das übrige Fleisch teilten die Frauen und Mütter der Jäger unter sich auf und begannen anschließend mit der Zubereitung einer Mahlzeit.

Leider mußten wir vor Sonnenuntergang wieder zum anderen Ufer zurück. So erlebten wir nicht mehr die Rückkehr der Jäger und, im Anschluß an das Festmahl, deren Schilderung der Jagd. In den folgenden Wochen jedoch war ich öfters Zeuge, wenn die Waorani mit großer Leidenschaft von ihren Abenteuern bei der Wildschweinjagd berichteten. Mit erhobener Stimme, hektischen Armbewegungen und unruhig flackernden Blicken – begleitet von täuschend ähnlich nachgeahmten Schreien und Grunzgeräuschen der Tiere – erzählten sie eine Episode nach der andern, wobei die dramatisierende Erzählweise den Kindern die Bedeutung der Beute deutlich machte.

Die Jagd auf kein anderes Tier versetzt die Waorani in so große Aufregung, und manchmal scheinen ihre Jagdgeschichten kaum weniger dramatisch als die Jagd selbst. Ich erinnere mich eines Besuches bei den drei Hütten zu einer Zeit, als Kaempaede und einige andere Waorani sich zur Maniokernte im 25 Kilometer entfernten Dyowetomi aufhielten. Zusammen mit den Frauen saß ich in Kaempaedes Hütte, als dieser unverhofft in der Türöffnung auftauchte. Ein breites Lachen zog sich über sein Gesicht, und seine Augen leuchteten voller Zufriedenheit. Über der rechten Schulter trug er die vier Beine eines Wildschweins, die mit einem Band aus Schlingpflanzen zusammengeschnürt waren. Es war sein Anteil an der Beute, den er seiner Tochter Kowane, einer Witwe mit fünf unverheirateten Kindern, mit nach Hause gebracht hatte.

Man tauschte keine Begrüßungsworte aus, und sein Eintreffen schien auch niemanden zu überraschen. Allein ein kurzes Lächeln hieß ihn willkommen. Dann, ohne sich nach seinem fünfstündigen Marsch einen Schluck *tepae* zu gönnen, warf er sich auf seine Hängematte und begann sein jüngstes Jagdabenteuer darzustellen. Bisweilen sprach er mit lauter Stimme, um der Erzählung mehr Nachdruck zu verleihen, und immer wieder ließ er wahllos Einzelheiten in seinen Bericht einfließen: „Wir machten Jagd auf die Wildschweine, und ich war hinter ihnen her. Nyama erlegte das erste Tier mit dem Speer. ‚Wi-au! Wi-au!' schrie es. Und das Schwein rannte mit dem Speer fort. Wir fanden es wenig später – tot. Ich sagte ihnen, ich würde dem Pfad folgen. Ich baute ein Haus und hörte, wie Nyama mit den Füßen gegen einen Eukalyptusbaum stieß, und dann kam er angelaufen, um seine Speere zu holen, als wir alle wegliefen, schnell! Nyama tötete zwei ausgewachsene Schweine und Odaewa ein junges!"

Kaempaede überließ die vier Beine Kowane. Sie reichte ihm dafür eine Schale *tepae.* Dann wandten sich die Frauen in aller Ruhe wieder ihren häuslichen Arbeiten zu, flochten Körbe und schälten Maniok. Kaempaede aber erzählte alles noch einmal von vorn, mit der gleichen überschäumenden Begeisterung. Eine halbe Stunde lang redete er so ununterbrochen und schilderte dabei dieselbe Wildschweinjagd nicht weniger als viermal, stets mit der gleichen Leidenschaft und ohne seinen Stolz verbergen zu können.

Die folgenden Wochen bestätigten meine ursprüngliche Vermutung, daß die Waorani in den meisten Fällen allein auf die Jagd gehen. Sie stellen Affen und Vögeln nach, seltener auch Eichhörnchen, und es liegt auf der Hand, daß hier eine Jagd zu mehreren keine Vorteile bietet. Es gibt nur wenige Gelegenheiten, bei denen Blasrohr-Jäger in der Gruppe in den Dschungel ziehen, doch führt dies allemal zu Verwirrung, wenn sie ihre Giftpfeile gleichzeitig auf ein oder zwei

Affen oder Vögel abschießen. Man weiß dann nie genau, wer getroffen hat, und obwohl man die Beute untereinander aufteilt, scheinen sich für einen so kleinen Anteil Zeit und Mühe nicht zu lohnen.

Deshalb geht man im allgemeinen allein oder zu zweit auf die Jagd, und auch das nur ein- oder zweimal in der Woche, je nachdem wie dringend frisches Fleisch benötigt wird. Der Fleischbedarf der Waorani wird in der Hauptsache durch Affen gedeckt; diese leben allerdings so weit verstreut, daß ein Jäger oft stundenlang im Dschungel umherstreifen kann, ohne auch nur einen einzigen zu Gesicht zu bekommen. Einige Affenarten – zum Beispiel der Kapuzineraffe, das elfengleiche Totenkopfäffchen oder der Nachtaffe mit seinen großen Augen – sind so klein und niedlich, daß die Waorani sie unbehelligt lassen oder als Haustiere halten. Andere hingegen werden mit großer Hartnäckigkeit gejagt, vor allem die drei größten Arten: der Wollaffe, der Klammeraffe und der sehr kräftige Brüllaffe.

Im ecuadorianischen Regenwald gibt es eine erstaunliche Vielfalt an Vögeln – etwa 1000 Arten –, doch die überwältigende Mehrzahl von ihnen ist zu klein, als daß die Jagd sich lohnen würde. Bei den vergleichsweise größeren Vögeln richtet sich das Hauptinteresse der Waorani auf Papageien, Aras, Guanhühner und verschiedene Arten des Hokkos, der unserem Truthahn ähnelt. Die leichteste Beute stellt der Nacht-Hokko dar, ein ungewöhnlicher Vogel, dessen Gesang zweimal am Tag, kurz nach Sonnenuntergang sowie kurz vor Sonnenaufgang, für nur etwa eine Stunde, zu hören ist. Dieser Vogel ist leicht zu jagen, da sein Schrei mehrere hundert Meter weit durch die Nacht dringt. Sein seltsamer Gesang ist unverwechselbar; er besteht aus einem tiefen, sanften Summen aus sechs Tönen – die ersten drei identisch, die folgenden immer höher steigend.

Kadowae zeigte mir schon bald, wie leicht der Nacht-Hokko einzufangen ist. Eines Tages machten wir uns gegen vier Uhr in der Frühe auf den Weg, sobald wir den morgendlichen Ruf des Vogels vernommen hatten. Anfänglich empfand ich den Weg durch den noch dunklen Dschungel als recht mühsam – gespenstisch fielen Tautropfen aus dem Blätterwerk über uns, und der Pfad war im Schein meiner Taschenlampe kaum auszumachen. Diese diente uns als Ersatz für die Fackeln aus langsam brennendem Holz, die die Waorani nachts im Urwald bei sich zu führen pflegen. Ansonsten jedoch war dieser Jagdausflug ein ungetrübtes Vergnügen. Innerhalb von einer halben Stunde hatte uns der Ruf des Vogels zu dem Baum geführt, auf dem er nistete. Wir warteten am Fuß des Baumes, nach Moskitos schlagend, bis sich die Silhouette des Vogels auf einem Ast etwa vier bis fünf Meter über uns gegen den dämmerigen Himmel abzeichnete. Kadowae schoß einen Pfeil aus seinem Blasrohr ab. Der rotbraun gefiederte Vogel stürzte zu Boden, rannte einige Sekunden mit dem Pfeil im Kopf umher und blieb dann tot liegen. Damit war die Jagd beendet.

In der Folgezeit begleitete ich auch andere Waorani bei ihren Jagdausflügen in den Dschungel. Als Einzeljäger hatten sie es hauptsächlich auf Affen und Vögel abgesehen. Eins wurde sogleich deutlich: Die Waorani ließen große Raubvögel wie Geier, Adler und Falken völlig unbeachtet, und nie unternahmen sie den Versuch, Schlangen oder größere Tiere wie Kaiman, Gürteltier oder Tapir aufzuspüren – keines dieser Tiere schien bei der Nahrungssuche von Belang.

Während eines Besuches bei Tedikawae und seiner Frau Awamae wollte ich von ihnen wissen, warum die Waorani einigen größeren Tieren des Regenwaldes keinerlei Beachtung schenkten. Zum Beispiel, so sagte ich, gäbe es doch Faultiere, die mit dem Kopf nach unten beinahe bewegungslos in den Bäumen hängen und sich von Blättern ernähren. Zwar sind sie beinahe perfekt getarnt durch mikroskopisch kleine grüne Algen, von denen ihr dichter brauner Pelz durchsetzt ist und die ihnen eine blattgrüne Tönung verleihen. Doch wenn es einmal auf

Ein Jäger hat bemerkt, wie sich über ihm etwas regt, und klettert mit dem Blasrohr in der Hand auf den nächsten Baum, um besser an seine Beute heranzukommen (rechts). Als Kletterhilfe hat er sich zuvor Schlingpflanzen um die Knöchel gebunden (oben).

einem Baum gesichtet wird, stellt dieses träge und reaktionsarme Tier eine leichte Beute dar. Warum machten sich die Waorani dies nicht zunutze?

Awamae, die emsig an einer Hängematte flocht, blickte auf und antwortete: „Wir haben gelernt, daß sterben muß, wer dieses Tier ißt!"

Tedikawae, ihr Mann, nickte zustimmend. „Das Fell der Faultiere ist schlecht", sagte er, „und außerdem waren sie früher Menschen, die gestorben sind und sich in Faultiere verwandelt haben."

Ähnliche Anschauungen herrschten, so fand ich im Laufe der Zeit heraus, auch in bezug auf andere größere Tiere. Die Überlieferung besagt, daß die Waorani in solchen Tieren vielleicht wiedergeboren werden. Insbesondere mit dem Hirsch verband man solche Vorstellungen: Die Augen dieses Tiers gleichen, selbst nach seinem Tod, tiefen, dunkelgrün schimmernden Brunnen, und leicht läßt sich dahinter eine menschliche Seele erahnen. Was die Anakonda angeht, deren Fleisch einer Familie vier oder fünf Tage reichen würde, so kommt es den wenigsten Waorani in den Sinn, diese über alles gefürchtete Schlange zu töten.

Die Waorani lehnen es grundsätzlich ab, Schlangenfleisch zu essen, da Schlangen sie mit Abscheu erfüllen. Aus den gleichen Gründen machen sie auch nicht Jagd auf Raubvögel und verschiedene größere Tiere. Sie selbst vermögen nicht zu erklären, warum sie das Fleisch einiger Tiere essen, das anderer jedoch nicht. Allerdings können nur die wenigsten Menschen dieser Erde ihre Eßgewohnheiten erklären und begründen, warum sie Schnecken, Pferde- und Hundefleisch oder Schimmelkäse über alles lieben oder sich davor ekeln. Hier entscheidet wohl die Macht der Gewohnheit, deren Ursprünge oft im Irrationalen liegen. Die Sitten und Gebräuche der Waorani erscheinen jedoch keineswegs streng festgelegt. Oft lockern sie alte Tabus, wenn sich herausgestellt hat, daß dies nicht mit Gefahren, sondern mit Vorteilen verbunden ist. So haben die Cononaco-Waorani zum Beispiel erlebt, daß andere Menschen durchaus Wild wie Hirsch oder Tapir ohne nachteilige Folgen verzehren. Gleichzeitig fühlen sie sich durch den Besitz einer Schußwaffe ermutigt, auch Tiere zu erlegen, bei denen die Jagd mit Speer und Blasrohr vorher zu schwierig gewesen war.

Eines Nachmittags zog Naenkemo, bewaffnet mit Tedikawaes Gewehr und in Begleitung von Wenae und ihrem noch jungen Bruder, Kome, in den Dschungel. Sie hofften, einen großen Vogel erlegen zu können. Die Sonne ging schon unter, als wir hörten, wie ein einziger Schuß abgefeuert wurde. Eine Stimme drang aus dem Dschungel zu uns herüber. Sogleich hieß es in der kleinen Siedlung, Naenkemo habe ein Halsband-Pekari getötet – ein typischer, voreiliger Schluß, denn im Eifer des Gefechts gelten den Waorani bloße Gerüchte als sichere Tatsachen. In Wirklichkeit hatte Naenkemo einen Hirsch erlegt, und alle rannten den Pfad zum Wald hinunter, wo ihnen die kräftig gebaute Wenae entgegenkam, die das Tier mit seinen mindestens 60 Pfund Gewicht auf ihren breiten Schultern trug. Ein freudestrahlender Naenkemo folgte ihr triumphierend auf dem Fuße.

Ebenso wie das Gewehr die Jagdgewohnheiten der Waorani verändert hat, haben auch die metallenen Angelhaken, die ihnen Fremde gaben, sie mehr als früher zum Fischen veranlaßt. Ein- oder zweimal in der Woche verbringt eine kleine Gruppe von Männern und Frauen, zu der sich die Kinder meistens hinzugesellen, ein paar Stunden in gespannter Erwartung am Ufer des Cononaco oder an einem der Seen und zahlreichen kleinen Flüsse dieses Gebietes. In diesem Fall jedoch haben die relativ modernen Hilfsmittel keinen merklichen Fortschritt gebracht, denn die Fangergebnisse der Waorani sind nach wie vor recht dürftig.

Es entspricht altem Brauch, daß Männer und Frauen getrennt und auf unterschiedliche Art und Weise fischen. Die Frauen streuen eine giftige Paste, die man aus den Blättern der Barbasco-Pflanze, eines kleinen tropischen Gewächses,

Federn in leuchtenden Farben schmücken diesen Speer, der zur Wildschweinjagd verwendet wird. Die daran befestigten Federn helfen den Waorani, ihre Waffen nach erfolgreich abgeschlossener Jagd zu identifizieren.

gewinnt, in Flüßchen oder Bäche. Nach etwa zehn Minuten beginnen die Fische aufgeregt hin und her zu schwimmen, und das dicht unter der Wasseroberfläche, da ihre Kiemen wegen des Giftes nicht mehr in der Lage sind, genügend Sauerstoff aus dem Wasser aufzunehmen. Dann laufen die Frauen am Ufer auf und ab, hetzen sozusagen die halbbetäubten Fische und fangen sie mit bloßen Händen oder Netzen – genauer gesagt mit Holzrahmen, die mit einem feinen Netz aus Chambirafasern bespannt sind. Dabei bringen sie es auf kaum mehr als ein oder zwei Dutzend kleiner Welse, was gerade für eine bescheidene Mahlzeit ausreicht.

Die Männer kennen zwei Methoden des Fischfangs. Die traditionelle Methode besteht darin, mittels dünner Speere ohne Widerhaken Zitteraale und Stechrochen zu töten, die man gelegentlich in Bächen oder flacheren Seen findet; daneben fischen die Waorani mit metallenen Angelhaken im Cononaco und benachbarten Seen, wobei sie als Angelruten lange Zweige verwenden, an die sie eine Schnur aus geflochtenen Palmblättern binden. Doch in beiden Fällen bleibt die Ausbeute gering. Die Waorani verfügen weder über die notwendigen Kenntnisse noch über die erforderlichen Geräte, um größere Fische fangen zu können.

Bezeichnenderweise betrachten die Waorani das Fischen mehr als ein Spiel denn als eine ernsthafte Tätigkeit, so wie für sie bei jeder Art von Jagd das Spielerische im Vordergrund steht. Bei der Pirsch auf Wildschweine herrscht eine fortwährende Spannung, die das größte Vergnügen an der Jagd darstellt. Auf der anderen Seite besitzt auch die Jagd auf Affen und Vögel ihren unbestreitbaren Reiz, da sich die Beute hoch oben in den Baumkronen findet und nur mit Blasrohren zu erlegen ist, einer Waffe, bei deren Herstellung und Nutzung sich die Waorani als wahre Meister erweisen.

Während meines Aufenthaltes am Cononaco konnte ich verschiedentlich mitverfolgen, wie Kaempaede und Tedikawae Blasrohre herstellten. Die beiden genossen in dieser Kunst bei den anderen Waorani hohes Ansehen und hätten leicht damit ihren Lebensunterhalt bestreiten können, wenn sie mit ihren Kunden Blasrohre gegen Fleisch getauscht hätten und selbst nicht mehr auf die Jagd gegangen wären. Doch daran dachten sie nicht einmal im Traum; sie schnitzten solche Waffen nur für sich selbst oder für die handwerklich noch unerfahrenen Jungen. Es entspricht nicht der Waorani-Mentalität, sich ausschließlich auf eine Aktivität zu konzentrieren, und einem Mann würde es nie in den Sinn kommen, auf die Freuden der Jagd zu verzichten.

Als ich Kaempaede und Tedikawae zum ersten Mal bei der Arbeit beobachtete, hatten sie gerade einen alten Chonta-Baum gefällt. Wie die meisten Bäume des Regenwaldes war auch dieser Baum aufrecht und gerade wie ein Telegraphenmast gewachsen. Die beiden Männer spalteten den Baum in Längsrichtung und setzten so sein weiches, rosafarbenes Kernholz frei. Nur nach Augenmaß schlug dann jeder zwei dreikantige Stäbe heraus, die etwa drei Meter in der Länge und gut fünf Zentimeter in der Breite maßen.

Diese Hölzer ließen sich ohne Mühe entlang der sehr regelmäßigen und knotenfreien Maserung aus dem halbierten Stamm herausheben. Sie lieferten den beiden Jägern die zwei Hälften eines Blasrohres: Stäbe, die sorgfältig in der Mitte ausgekehlt werden mußten, so daß nach dem Zusammenbinden der oberen und unteren Hälfte ein sauber ausgebohrter Lauf entstand.

Tedikawae und Kaempaede arbeiteten an ihren Blasrohren stets für nicht mehr als zwei Stunden, und auch das nur, wenn sie Lust dazu verspürten. Ich nehme an, daß die Herstellung einer solchen Waffe – das Heraushauen der beiden Hälften aus dem Stamm, das Auskehlen und Zusammenbinden sowie das sorgfältige Glätten der Bohrung mit einem langen und biegsamen Stock – einen geschickten Waorani insgesamt vier oder fünf volle Arbeitstage kosten würde. Dazu kam natürlich noch der Zeitaufwand für die Herstellung der Pfeile, die man dadurch gewinnt, daß man knapp 50 Zentimeter lange Späne aus Palmwedelstielen herausschneidet und das tödliche Gift Curare auf die nadelscharfen Pfeilspitzen aufträgt.

Häufig kann man Männer der Waorani, die gerade nichts anderes zu tun haben, in ihren Hängematten sitzen und mit Messern an ihren Pfeilen schnitzen sehen. An einem Tag kann ein Waorani bis zu 100 Pfeile herstellen, genug, um seinen Bambusköcher zu füllen, den er sich mit einem Band aus Schlingpflanzen umbindet. Wesentlich schwieriger ist die Herstellung von Curare. Man schält die Rinde einer bestimmten Kletterpflanze, läßt Wasser über die abgekratzten Rindenstückchen laufen und läßt die so gewonnene verdünnte Lösung zu einem übel aussehenden dunkelbraunen Brei einkochen.

Curare ist die Sammelbezeichnung für eine ganze Reihe verwandter Nervengifte, die man im Amazonasgebiet aus einer Anzahl nur dort zu findender Kletterpflanzen, etwa der *Strychnos toxifera,* gewinnt. Diese Gifte wirken nur, wenn sie, einmal in den Körper gelangt, auch den Blutkreislauf erreichen; dann führt ihr chemischer Hauptwirkstoff, das Tubocurarin, zu einer Lähmung der Muskeln. In unserer Medizin wird Curare häufig in der Anästhesie eingesetzt, doch in konzentrierter Form verabreicht, lähmt eine größere Dosis die Tätigkeit der Lungenmuskulatur und führt zum Tod durch Ersticken.

Dieses Gift zu berühren oder sonstwie damit umzugehen, selbst eine kleine Menge zu verschlucken, birgt wenig Gefahr in sich. Doch glauben die Waorani, daß letzteres Krankheiten hervorrufen kann, und deshalb lernen ihre Kinder schon früh, Curare nie in den Mund zu nehmen. Außer dieser sehr vernünftigen Vorsichtsmaßnahme beachten viele Waorani bei der Herstellung dieses Giftes verschiedene Regeln, die von Generation auf Generation überliefert werden. So erzählte Kaempaede: „Ich halte es wie meine Eltern. Wenn ich Curare herstelle und meine Frau ein Kind erwartet, schlafe ich zwei Tage nicht in der gleichen Hängematte mit ihr. Andernfalls würde es zu lange dauern, bis die Tiere an dem Gift sterben. Ist das Gift zubereitet, so sollte man nichts Süßes essen oder trinken, auch kein *tepae,* das man über Nacht hat gären lassen."

Zu meiner großen Freude erbot sich sein Schwiegersohn Tedikawae schließlich, mir ein Blasrohr mit allem Zubehör anzufertigen. Dazu zählten ein Bambusköcher voll giftiger Pfeile und ein kokosnußgroßer Kürbis mit Kapok, einem Material, das um den Pfeil gewickelt wird. Dadurch wird die Flugbahn des Pfeils stabilisiert; ebenso dient es als Füllmaterial, das den Atemstoß des Jägers mit auffängt. Das fertige Blasrohr war knapp drei Meter lang und am Mundstück, dem etwas vorstehenden Ansatzstück zum Blasen, gut fünf Zentimeter breit, während es im mittleren Abschnitt etwas schmaler war. Es wog um die zehn Pfund und schien zunächst äußerst unhandlich.

Mit ein bißchen Übung auf der Landebahn bei Sams Hütte gelang es mir, Pfeile über eine Entfernung von etwa 90 Metern zu schießen. Es war ein erhebendes Gefühl: Die Luft aus den Lungen explodierte förmlich, und befriedigt vernahm man ein kleines Geräusch, wenn der Pfeil mit etwa 40 Stundenkilometer Geschwindigkeit aus dem Lauf schoß. Erfahrene Jäger konnten Pfeile in horizontaler Richtung wohl bis zu 120 Meter oder noch weiter schießen und nach oben immerhin noch mehr als 60 Meter weit. Das Hauptproblem stellte aber weniger die Reichweite als die Zielgenauigkeit dar. Bei einem Schuß in horizontaler Richtung benötigt man beträchtliche Kraft, um das Blasrohr ruhig zu halten, und der Lauf verbiegt sich leicht unter seinem eigenen Gewicht. Anders bei Schüssen nach oben, wo die eigentliche Stärke dieser Waffe zutage tritt; sie kann dabei genau auf das Ziel gerichtet werden und ermöglicht durch ihre beachtliche Länge eine große Zielgenauigkeit, ohne irgendeine zusätzliche Hilfe.

Nachdem er Wildschweinspuren entdeckt hat, lenkt ein Jäger die Aufmerksamkeit seiner weit verstreuten Gefährten auf sich, indem er mit aller Kraft gegen die drei Meter hohen Brettwurzeln eines riesigen Baumes tritt. Wie Trommelschläge hallt das Echo der Tritte durch den Dschungel. Der Baum gehört zur Familie der Bombacaceae; ähnliche Brettwurzeln – es handelt sich um dreieckige Holztafeln zwischen Baumstamm und Wurzel – finden sich auch bei vielen anderen Baumarten.

Das Laden des Blasrohrs sieht bei einem Waorani täuschend einfach aus. In Sekundenschnelle nimmt er einen Pfeil aus dem Köcher, umwickelt ihn geschickt mit ein wenig Kapok aus dem Kürbis und setzt ihn am Mundstück ein, wobei er die ganze Zeit über das Blasrohr auf die Hüfte und gegen den Unterarm gestützt in der Balance hält. Es kommt entscheidend darauf an, die richtige Menge Kapok zu verwenden; ist es zu wenig, so rutscht der Pfeil aus dem Mundstück, oder die Atemluft strömt am Pfeil vorbei, ist es dagegen zuviel, so sitzt der Pfeil im Lauf fest. Doch den Waorani gelingt es beinahe immer, die richtige Menge abzuschätzen.

Ganz anders erging es mir. Oft mußte ich die Pfeile wieder aus dem Blasrohr ziehen, weil ich zuviel oder auch zuwenig Kapok genommen hatte. Außerdem mißachtete ich den elementaren Grundsatz, Pfeile und Köcher in der Nähe eines schwachen Feuers zu lagern. Über Nacht wurden meine Pfeile feucht, und am nächsten Morgen besaß ich an die 70 Pfeile, die alle mehr oder weniger zusammenklebten. Sie mußten einzeln von Hand wieder gelöst und in der Nähe eines Feuers getrocknet werden.

Nach Ablauf einer Woche hatte ich genügend Mut gefaßt, selbst mit dem Blasrohr auf die Jagd zu gehen. An drei aufeinanderfolgenden Tagen hatte ich früh morgens den Ruf des Nacht-Hokko gehört, und am Morgen des dritten Tages, kurz vor Beginn der Dämmerung, schlich ich mich endlich aus meiner Hütte, voller Hoffnung auf leichte Beute. Unglücklicherweise fehlte mir jedoch die notwendige Vertrautheit mit dem Gelände und der Vegetation. Schon nach wenigen Minuten empfand ich meinen kleinen Jagdausflug als Alptraum. Ich folgte dem Pfad, den Kadowae bei unserer ersten gemeinsamen Jagd auf einen Nacht-Hokko eingeschlagen hatte. Doch diesmal schien sich der Pfad im Nichts zu verlieren, und meine Welt verengte sich unter einem Baldachin schwarzen Laubwerks.

Die einzige Orientierung bildete der Ruf des Hokko, der aus der Ferne spöttisch zu mir herüberdrang. Ich folgte der Richtung, aus der er kam, und gelangte bald zu einem verlassenen Feld, das in der Dunkelheit meinen ursprünglichen Vorstellungen von der „grünen Hölle“ des Amazonasgebietes entsprach. Alte Maniokpflanzen und eine Menge anderen Buschwerks ragten hier über Kopfhöhe empor; dauernd stieß ich mit dem Schienbein gegen Baumstämme, Zweige zerkratzten mir das Gesicht, und ich verfing mich mit den Füßen in schlangenähnlichem Wurzelwerk. Als es etwas heller wurde, kletterte ich auf einen Baumstamm, um einen besseren Ausblick zu gewinnen. Ich fiel rückwärts herunter, landete im Buschwerk und verletzte mich an meinem Bambus-Köcher.

Der Vogel war nun verstummt. Das Dämmerlicht des Morgens ließ mich erkennen, daß ich mich nur ein paar hundert Meter von Sams Hütte entfernt befand. Naß, zerkratzt und wütend machte ich mich auf den Heimweg.

Kadowae war es, der mich zu meiner ersten längeren Expedition in den Dschungel, bei der wir Affen und Vögel jagen wollten, mitnahm. Bei Tagesanbruch machten wir uns vom Cononaco aus in Richtung Süden auf; wir bewegten uns in dem hügeligen Gelände derart schnell vorwärts, daß ich oft nur im Laufschritt mithalten konnte. Ich vermochte überhaupt keinen Weg auszumachen, doch für Kadowae war es klar, daß wir einem Jagdpfad folgten, so vertraut war er mit seiner Umgebung. Er lief voraus, das riesige Blasrohr über der Schulter, und hielt ab und zu an, um nach Affen oder Vögeln zu lauschen. Schon bald hörten wir, wie ein Karakara unser Herannahen mit einem Warnruf ankündigte; danach herrschte im Dschungel – außer dem unablässigen Summen der Insekten – völlige Stille. Unterwegs zeigte mir Kadowae immer wieder interessante Dinge, die mein ungeübtes Auge wohl übersehen hätte: eine Vogelart, den Oropendola, dessen Silhouette sich gegen ein Stück blauen Himmels zwischen dem grünen Blätter-

Familien versammeln sich auf der Lichtung, wo ein Jäger zwei Wildschweine zerlegt. Alle Stammesangehörigen, die an der Jagd teilgenommen oder eine Waffe zur Verfügung gestellt haben, erhalten einen Anteil.

dach abzeichnete; die dreiteiligen Hufspuren eines Tapirs in einem Bach; Blätter, in denen ein Halsband-Pekari gewühlt hatte; ein Bienennest hoch oben auf einem Baum; ein Wespennest, das an der Unterseite eines riesigen Blattes hing; und schließlich einige Nüsse der Tagua-Palme, die er mit seiner Machete aufschlitzte. Der Fruchtkern war allerdings schon überreif und deshalb zu zäh und scharfschmeckend, als daß man ihn noch hätte essen können. Kadowae konnte die vielfältigen Erscheinungen des Dschungels mit einer Leichtigkeit verstehen, mit der Zauberer Kaninchen aus ihrem Hut hervorholen.

Gelegentlich hielt er inne und imitierte bewundernswert genau die Rufe eines Klammeraffen oder eines Wollaffen: lange, rauh klingende Schreie, die er beim Atemholen hervorbrachte. Auf diese Weise wollte er die Tiere dazu bringen, Antwortschreie von sich zu geben und damit ihr Versteck zu verraten. Doch nichts rührte sich, und wir zogen drei Stunden oder länger umher, ohne auch nur einen einzigen Affen zu Gesicht zu bekommen oder zu hören.

An einer Stelle unterbrach Kadowae unseren Marsch, um mir unter allerlei Grunzgeräuschen ein Stück Unterholz zu zeigen, das von einer Horde umherziehender Schweine niedergetrampelt worden war. Plötzlich, nach etwa vier Stunden, vernahmen wir deutlich ein Rascheln in den Bäumen. „Wollaffe", sagte Kadowae und zeigte auf die Krone eines riesigen Baumes, der Brettwurzeln besaß.

Ich sah überhaupt nichts, doch Kadowae hielt seine Blicke auf das Laub über uns gerichtet; gleichzeitig, ohne auch nur einmal nach unten zu sehen, lud er flink sein Blasrohr und führte es zum Mund. Er atmete tief ein und blies dann mit solcher Wucht, daß sein gesamter Körper zu explodieren schien, als der Druck sich löste. Der Pfeil schoß nach oben in die Baumkronen. Von dort drangen ein lautes Krachen und ein Schrei herab; dann huschte in etwa 30 Meter Höhe ein Schatten über einen Zweig. Kadowaes Erregung stieg, und mit einem Satz sprang er um den großen Baum, um seine Beute besser ausmachen zu können.

Von diesem Augenblick an war der Urwald erfüllt vom Geräusch der überall in den Bäumen um uns herum durch das Blattwerk huschenden Affen. Kadowae schenkte ihnen keinerlei Beachtung. Er lud alle 20 Sekunden nach und feuerte Pfeil auf Pfeil dorthin in das dunkle Blattwerk, wo er sein Opfer zuletzt gesehen hatte. So schoß er ein Dutzend Pfeile ab, ehe der Affe von einem vorstehenden Ast aus den Versuch unternahm, auf einen anderen Baum hinüberzuspringen. Genau diesen Augenblick paßte Kadowae ab und traf das Tier in die Seite. Dann entschwand es wieder unseren Blicken.

Fünf Minuten vergingen. Abermals war Totenstille in den Dschungel eingezogen. „Er ist tot", sagte Kadowae, lehnte sein Blasrohr gegen einen Baum und begann sich eine Klettervorrichtung aus Schlingpflanzen zu flechten. Dann verschwand er nach oben ins Blattwerk. Wenig später hörte ich von dort ein Grunzgeräusch, dem sich das Triumphgeschrei des Jägers, das dem Brüllen eines Wollaffen glich, anschloß. Aus dem Blätterwerk des Dschungeldaches fiel der Affe nach unten und schlug etwa zehn Meter entfernt von mir auf dem Boden auf. Er war etwa 70 Zentimeter lang, hatte dichtes braunes und krauses Haar, einen schwarzen Bauch, schwarze Hände und Füße und ein schwarzes Gesicht, das wohl infolge einer beim Sturz erlittenen Schnittwunde blutverschmiert war.

Der Affe keuchte und zuckte noch, als Kadowae geschwind vom Baum herunterkletterte und mit einem Stück Schlingpflanze Schwanz und Hals des Tieres zusammenband. Er packte das Tier, schleppte es zu seinem Blasrohr hinüber, warf es zu Boden und zeigte mir die Einschußstellen seiner Pfeile. Insgesamt dreimal hatte er getroffen – an Hüfte, Bauch und Kopf –, und alle drei Pfeile waren abgebrochen, wahrscheinlich bei dem vergeblichen Versuch des Affen, sie mit seinen Pfoten herauszuziehen.

Sekunden später hatte der Affe sein Leben ausgehaucht, und Kadowae forderte mich auf, das Tier zur Hütte zurückzutragen. Ich hätte das ablehnen können, ohne ihn zu beleidigen, denn mir war ja bekannt, daß die Waorani eine abweichende Entscheidung stets achten. Doch wollte ich nicht unhöflich erscheinen – zumindest nicht vor mir selber –, und so warf ich mir den Affen wie einen Lastsack über die rechte Schulter, wobei ich seinen Körper, der mit dem Kopf nach vorne hing, mit dem Arm umfaßt hielt. Kadowae trug Blasrohr und Speer und schritt voran. Oft mußte er sein Tempo verlangsamen, um mich herankommen zu lassen, und mehrmals hockte er sich oben auf einem Hügel nieder, um auch mir eine Rast zu vergönnen. Zweimal, allerdings vergeblich, rannte er los, weil er irgendwo in den Bäumen Aras oder Brüllaffen gehört hatte.

Schließlich gelangten wir zu einem Querpfad. Kadowae bedeutete mir, daß wir im Halbkreis zu dem Pfad zurückgelangt waren, von dem aus unsere Jagd ihren Anfang genommen hatte. Nun überließ er mir die Führung – und schon nach zehn Schritten wußte ich nicht mehr weiter. Man hatte junge Bäume geschlagen und Zweige abgebrochen, um den Weg zu markieren – doch wußte ich damit nichts anzufangen, und ich sah auch keinen Unterschied zwischen Blättern, die durch Regen aufgeweicht, oder solchen, die durch Füße breitgetreten worden waren. „Diese Richtung!" verkündete Kadowae mit breitem Lachen. Offensichtlich hatte er sein Vergnügen daran, daß ich mehrmals vom Pfad abgekommen war. Schließlich machte ich ihm klar, daß er vorangehen solle.

Am frühen Nachmittag hatten wir endlich die Ansiedlung wieder erreicht. Insgesamt waren wir fast 30 Kilometer für eine doch recht bescheidene Beute gelaufen. Trotzdem empfingen uns Kadowaes Kinder mit großer Begeisterung. Sie stürmten auf mich zu und führten mich an der Hand in die Hütte. Dort faßten sie das tote Tier an, besahen sich seine Zähne und begannen es wie einen Fetisch zu umtanzen. Kadowae aber hob zum unvermeidlichen Bericht über unser kleines Abenteuer an. Alle Einzelheiten, die er erwähnte, waren mir entweder überhaupt nicht aufgefallen, oder ich hatte sie gänzlich anders in Erinnerung.

„Wir spürten den Geruch vieler Wildschweine", sagte er. „Das war gestern, als es regnete. Der Bach war schmutzig, also werden sie wohl immer noch weiter oben am Bach sein. Ich habe Brüllaffen gesehen, doch der Wind hat sie vertrieben ... Ich habe einen Wollaffen mit einem kleinen Affen gesehen, der aber entfliehen konnte. Die Schnittwunde am Kopf dieses Affen stammt von einem Streit um Früchte ... Als wir Tapir-Hufspuren sahen, sagte ich: ‚Laß uns weitergehen!' Er sagte: ‚Ja.'" (Große Heiterkeit bei der Familie.) „Als ich diesen erlegt hatte, tauchte noch ein anderer Affe auf, um zu sehen, was los war, und ich hätte einen weiteren Pfeil bereithalten sollen ... Er sagte: ‚Ich geh voran', doch er ging falsch!" (Erneutes Gelächter bei den Zuhörern.)

Mitten im Erzählen unterbrach sich Kadowae und bot mir seine Hängematte an. „Nimm du sie", sagte er und kletterte auf meine. Dann setzte er seinen Bericht fort, und ich fragte mich vergebens, welche tiefere völkerkundliche Bedeutung einer solchen Geste wohl zukam. Plötzlich riß das Flechtwerk der Hängematte, in der er saß, und unter dem schallenden Gelächter der Kinder fiel er rücklings auf den Boden. Kadowae hatte kommen sehen, daß die Hängematte reißen würde, und mir aus Höflichkeit ein solches Mißgeschick ersparen wollen. Nun hatte es den glorreichen Jäger selbst niedergestreckt, und wie alle anderen mußte auch er angesichts dieser komischen Situation herzhaft lachen.

Das Blasrohr – eine tödliche Waffe

Mit dem Blasrohr verfügen die Waorani über eine ausgezeichnete Jagdwaffe. Es bedarf nur eines Luftstoßes aus den Lungen, um die giftigen Pfeile mit großer Genauigkeit auf ein bis zu 30 Meter entferntes Ziel abzuschießen. Ohne diese im Grunde einfach konstruierte Waffe könnten die Waorani ihren Fleischbedarf nur durch Wildschweinjagd mit Speeren decken; so aber kommen sie auch an Vögel und Affen heran, die sich oben im Blätterdach der Bäume des Regenwaldes aufhalten.

Beinahe jeder Jäger fertigt sein Blasrohr selbst an und stellt auch die Pfeile und den Giftstoff her. Das dazu erforderliche Rohmaterial findet sich in seinem Lebensraum, dem tropischen Regenwald. So wird das Blasrohr, ein drei Meter langes Holzrohr, aus dem Stamm einer Palme gefertigt. Die dazugehörigen Pfeile, die man aus den Stengeln der

Mit einer abgebrochenen Machete, um die ein Stück Sackleinen gewickelt ist, kehlt ein Waorani ein etwa drei Meter langes Stück hartes Palmholz aus. Dieser

Palmwedel zurechtschneidet, sind knapp 50 Zentimeter lang und spitz wie Nadeln. Der Giftstoff wird aus einer Kletterpflanze des Dschungels gewonnen und wirkt auch in kleinen Dosen tödlich. Mit Kapok schließlich, einer baumwollartigen Faser, welche die Samen eines einheimischen Baumes schützend umgibt, umwickelt man die Pfeile und hält sie dadurch auf ihrer Flugbahn.

Die richtige Verwendung von Kapok entscheidet auch darüber, wie kraftvoll ein Pfeilschuß ausfällt. Der Pfeil wird etwa acht Zentimeter vom Ende her mit Kapok umwickelt und der Lauf des Blasrohrs dadurch abgedichtet. Wenn der Jäger bläst, steigt auch der Luftdruck an. Durch den wuchtigen Atemstoß beschleunigt, schießt der Pfeil aus dem langen, glatt polierten Lauf heraus auf sein Ziel zu.

Stab, die eine Hälfte seines zukünftigen Blasrohrs, wird mit seinem Gegenstück einen aufgebohrten Lauf von etwa vier Zentimeter Durchmesser bilden.

Die beiden Hälften eines Blasrohrs müssen genau aufeinanderpassen und werden deshalb in Glutasche geschmeidig gemacht. Danach biegt der Jäger die Hälften auf einem Baumstamm durch (oben) und prüft ihren Halt (rechts). Schließlich läßt er sie abkühlen und hart werden.

Die beiden Hälften des Blasrohrs werden straff mit den Fasern einer Schlingpflanze umwickelt (links). Dann füllt der Jäger Sand in den Lauf ein und schmirgelt ihn glatt, indem er einen Stock durchzieht (oben); mit feinem Lehm wird dem Lauf der letzte Schliff gegeben.

Das Gift für ihre Pfeile stellen die Waorani her, indem sie Wasser in einen Behälter aus Blättern tropfen lassen, der mit Rindenstückchen einer Curare enthaltenden Kletterpflanze, der Strychnos toxifera, gefüllt ist. Das Wasser sickert langsam durch die Rinde und tropft als Curare-Lösung in eine Tonschale. Die Flüssigkeit wird später gekocht, bis sich auf ihrer Oberfläche eine dicke Haut gebildet hat.

Ein Jäger, der zuerst das Curare aus dem Gifttopf genommen und es auf eine alte Tonscherbe aufgetragen hat, dreht und wendet die Pfeilspitze in der klebrigen Masse. Unmittelbar unter seiner Hängematte trocknen frisch präparierte Pfeile vor einem schwach glimmenden Feuer. Sie sind gegen zwei kreuzweise in den Boden gesteckte Pfeile gelehnt.

Ausgerüstet mit seinem Blasrohr, zieht ein Jäger zur Vogeljagd in den Dschungel. Den Bambusköcher und den mit Kapok gefüllten Kürbis auf seinem Rücken trägt er an einem um den Hals geschlungenen Band.

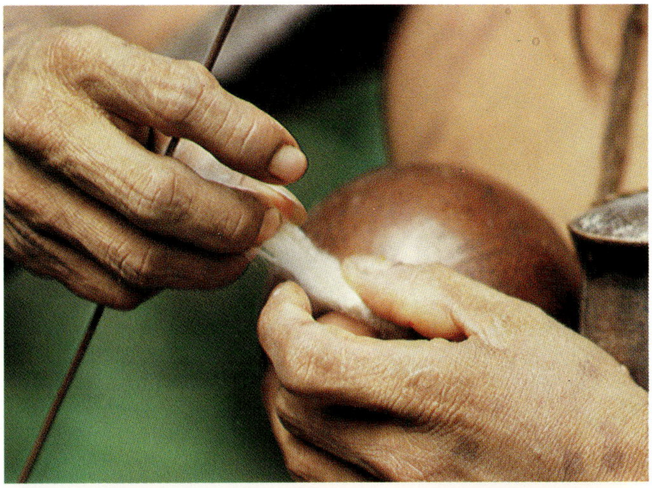

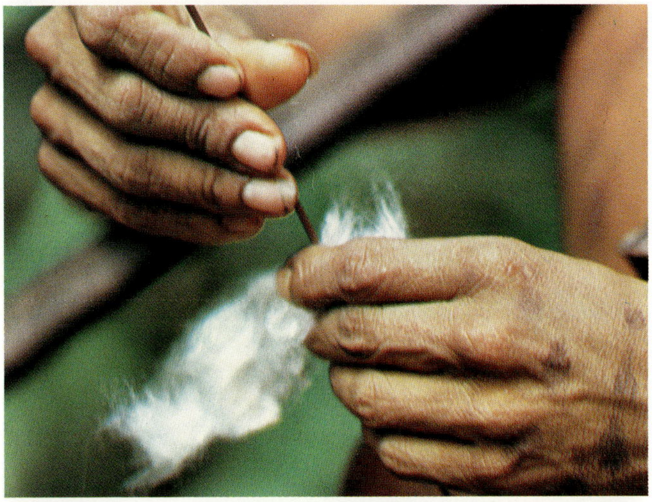

Hat der Jäger die Beute gesichtet, so zupft er aus einer Öffnung des Kürbis den Kapok (oben), mit dem er dann den Pfeil rasch und geschickt umwickelt (Mitte). Mit den Lippen feuchtet er den Ball aus Faserklumpen an, macht ihn so fester und schiebt schließlich durch das Loch im harzüberzogenen Mundstück den Pfeil in den Lauf (unten).

Tief Luft holend, zielt ein Jäger auf einen Vogel hoch oben in den Baumkronen (oben). Er bläst mit aller Macht und stößt mit dem letzten verbliebenen Atem ein lautes „Pah!“ aus, wenn der Pfeil den Lauf verläßt (unten).

Dieser Nacht-Hokko wurde von einem genau gezielten giftigen Pfeil tödlich am Kopf getroffen. Die Hälfte des Pfeils brach ab, als der Vogel von der Größe eines Fasans etwa 15 Meter tief zu Boden stürzte.

Ein Tag im Leben von **Iyowa**

Kurz nach Tagesanbruch erwachte ein zwölfjähriger Junge namens Iyowa in einer der beiden mit Palmblättern gedeckten Hütten, die inmitten einer Lichtung dicht beieinander auf einem Hügelkamm liegen, im Herzen des ecuadorianischen Regenwaldes. Es war 6.30 Uhr morgens, ein Tag im Januar. Doch der Junge wußte nichts von Stunden oder Monaten. Für ihn war lediglich ein neuer Tag in einer Dschungelwelt angebrochen, die eine Fülle von Abenteuern in Aussicht stellte: Man konnte auf Bäume klettern, in Bächen fischen, in Flüssen schwimmen, Früchte sammeln sowie Vögel fangen oder töten.

Aus seiner Hängematte – einer von sieben, die an den senkrechten Stützpfosten der Hütte befestigt waren – folgte er mit den Blicken der kleinen Rauchfahne, die spiralförmig von einem schwach glimmenden Holzfeuer auf dem Lehmfußboden nach oben stieg. Sie entschwand durch kleine Öffnungen im Blätterdach, wo Iyowa die ersten Lichtstrahlen eines wolkenverhangenen Tages erspähte. Es fröstelte ihn ein wenig, doch es war windstill, und er wußte, daß es wie immer bald angenehm warm sein würde, bis gegen Abend ein Regenguß vielleicht Abkühlung brachte.

Für Iyowa war es ein Tag wie jeder andere. Sein Leben verlief in stetem Gleichmaß wie eine endlose Folge von Reaktionen auf zufällig eintretende Ereignisse und war von einer Vielzahl von Unternehmungen geprägt, die jeweils einem momentanen Bedürfnis entsprangen. Gerade eben wurde sein Verhalten vom Hunger bestimmt. Er bemerkte, wie sich seine Mutter in der Hängematte rekelte und sich anschickte, eine Mahlzeit aus Wasser und frischem Chonta-Fruchtbrei anzurichten. Ohne die anderen noch schlafenden zwölf Bewohner der Hütte aufzuwecken, nahm er sich eine Schüssel Chonta-Suppe und schlüpfte lautlos durch den aus Palmwedeln gebildeten Eingang nach draußen.

Dort setzte sich Iyowa auf einen umgestürzten Baum, trank hastig die cremige, orangefarbene Flüssigkeit und verzehrte laut schmatzend den festeren Brei, der sich am Boden der Schüssel festgesetzt hatte. Sodann warf er einen kurzen Blick über den steilen Abhang, der sich von der Hütte aus etwa 100 Meter weit hinunterzog, ehe er plötzlich an der schattigen, dunkelgrünen Wand des Regenwaldes endete. Er wußte, daß es sich bei diesem abgelegenen Ort um Dyowetomi handelte, eine von mehreren Ansiedlungen, die seine Familie und andere, eng mit ihr verwandte Familien des Stammes der Waorani abwechselnd nutzten. Alljährlich von Januar bis April ernteten sie hier die reifen Früchte der Chonta-Bäume. Im Augenblick lebten in den beiden Hütten 27 Männer, Frauen und Kinder.

An diesem Morgen mußte die Mehrzahl der Waorani noch den Schlaf nachholen, um den sie durch eine lange Chonta-Erntefeier am Abend zuvor gekommen war. Anders Iyowa, dessen Kräfte schier unerschöpflich schienen. Er war das älteste Kind in der Familie, seit seine Schwester Yayae geheiratet hatte und zu einer anderen, gut 30 Kilometer entfernt lebenden Gruppe übergesiedelt war. Er besaß eine zweite Schwester, Waeika, im Alter von fünf Jahren, sowie drei Brüder: Kemonka, zehn Jahre alt, Awa, acht Jahre alt, und einen kleinen Bruder, der erst nach der letzten Chonta-Ernte geboren worden war und noch keinen Namen besaß. Ein paar Monate vor der Geburt des Kindes war der Vater an einer Lungenentzündung gestorben, so daß Iyowa das älteste männliche Familienmitglied war. Im Augenblick jedoch brauchte er noch keine Verantwortung zu tragen, da sie alle mit ihrer Mutter, der 31 Jahre alten Kowane, bei deren Schwager Tedikawae, seiner Frau und ihren drei kleinen Kindern lebten. Tedikawae war an die Stelle von Iyowas Vater getreten. Er legte für beide Familien Felder an und ging auch für sie auf die Jagd; außerdem beherbergte und ernährte er seinen vierzehnjährigen Bruder Kome sowie seine beiden Schwestern, die neunzehnjährige Wenae und die elfjährige Namo. Sie alle brauchten seine Unterstützung, da ihre Eltern nicht mehr lebten. Ihre Mutter, so hatte Iyowa ältere Waorani sagen hören, war durch einen giftigen Schlangenbiß umgekommen.

Unter den Blicken seines kleinen Nachbarn ißt Iyowa sein Frühstück.

Iyowa hält Ausschau nach zwei Vögeln in einer Baumkrone.

Iyowa, ein hoch aufgeschossener, drahtiger Junge, trat für sein Alter erstaunlich ausgeglichen und selbstsicher auf. Wie selbstverständlich reifte er zum Erwachsenen heran; keiner kümmerte sich bewußt um seine Erziehung, doch die täglichen Anforderungen des Lebens im Dschungel stellten ihn immer wieder auf die Probe und härteten ihn ab. Bereits jetzt besaß er die körperlichen Voraussetzungen und das Selbstvertrauen, an einem der 25 Meter hohen oder noch höheren Baumstämme in das Blätterdach des Dschungels emporzuklettern, und seine Umgebung war ihm so vertraut, daß er sich kilometerweit ins Dschungelinnere vorwagen konnte, ohne dabei die Orientierung zu verlieren. Er stellte zwar das Curare für seine Pfeile noch nicht selbst her, doch die Handhabung des Blasrohres mit seiner Länge von etwa drei Metern war ihm bereits geläufig.

In diesem Stadium fiel ihm wie von selbst die Rolle des Anführers unter den gleichaltrigen und jüngeren Kindern zu. Ihm wie allen anderen stand es frei, den ganzen Tag über im Dschungel zu spielen. In wenigen Jahren aber würde man von ihm einen ersten bescheidenen Beitrag zur Versorgung der Familie mit Nahrungsmitteln erwarten. Dann hieß es,

Der gelbe Saft des Achiote-Baumes dient als Gesichts- und Körperfarbe.

Früchte zu sammeln, auf die Jagd zu gehen und mitzuhelfen, wenn man neue Felder anlegte. Und war er erst einmal vierzehn, so mußte er jederzeit damit rechnen, daß ältere Angehörige seiner Gruppe ihn verheirateten und ihm damit noch größerer Verpflichtungen auferlegten.

Mittlerweile waren auch seine Brüder Kemonka und Awa in ihren Hängematten aufgewacht. Die Mutter trug ihr jüngstes Kind in einer Tragschlinge an der Brust und bereitete ihnen Schüsseln mit dem Chonta-Getränk zu, ebenso wie eine weitere für ihren ältesten Sohn. Dann setzte auch sie sich nach draußen auf den Baumstamm und prüfte mit sorgfältigen Blicken das Haar des Kindes. Sie suchte nach Kopfläusen, einer weit verbreiteten Plage im Dschungel; diese Läuse können, wenn sie sich erst einmal festgesetzt haben, leichte Entzündungen hervorrufen. Zufrieden, daß der Kopf des Kindes sauber war, unterzog sie Iyowa einer ebenso gründlichen Prozedur. In seinem schwach gelockten Haar fand sie einige Läuse, die sie zerbiß und dann herunterschluckte. Es war jetzt kurz nach sieben, und die meisten Männer in den beiden Hütten der Siedlung lagen noch in ihren Hängematten. Plötzlich war die Lichtung von Lärm und Unruhe erfüllt. Eines der Kinder hatte auf einem Baum in etwa 20 Meter Höhe ein Taubenpaar entdeckt. Jedermann eilte herbei, um zu sehen, ob man die Vögel vielleicht mit dem Blasrohr erlegen konnte.

Iyowa, der sich mit den erwachsenen Jägern messen wollte, rannte los, um sein eigenes Blasrohr zu holen, das

Auf der Suche nach Früchten und um sich die Zeit zu vertreiben, zieht eine Reihe von Kindern in den Dschungel.

Tedikawae ihm vor ein paar Monaten geschnitzt hatte. Mit dem Unterarm stützte er die zehn Pfund schwere Waffe gegen die Hüfte, während er gleichzeitig einen Pfeil aus dem Bambusköcher zog, den er sich mit einer Schlinge um den Hals gelegt hatte. Er umwickelte den Pfeil mit ein wenig Kapok und schob ihn dann in das nach außen hin breiter werdende Mundstück. Der Pfeil war zwar nicht giftig, doch wußte Iyowa aus Erfahrung, daß er mit dem spitzen Geschoß einen Vogel aus kurzer Entfernung verwunden, wenn nicht sogar töten konnte.

Beinahe senkrecht nach oben zielend, blies Iyowa mit aller Kraft. Sein Schuß erreichte zwar die nötige Höhe, ging aber weit am Ziel vorbei. Als der Pfeil an den Tauben vorbei durch die Luft sauste, schreckten die Vögel auf und flogen weg. Der Jäger lachte und kehrte zusammen mit den drei anderen Waorani zu seiner Hütte zurück. In der nächsten halben Stunde hörte Iyowa zu, wie die Männer Geschichten ihrer Jagdabenteuer zum besten gaben.

Unterdessen hatten sich mehrere Frauen auf den Weg zu einem einige hundert Meter entfernt gelegenen neuen Feld gemacht, um dort Maniok zu pflanzen. Wenig später kündigten laute Schreie aus ihrer Richtung die zweite kleine Sensation dieses Morgens an. Was die Frauen riefen, klang von weitem wie das Waorani-Wort für Jaguar. In Windeseile stürzte jedermann aus den beiden Hütten auf die Lichtung hinaus. Selten bot sich die Gelegenheit, einen Jaguar zu sehen, doch erzählte man sich, daß Kinder, die zu dicht am Dschungelrand gespielt hatten, gelegentlich Jaguaren zum Opfer gefallen waren. Alle wollten einen Blick auf den Eindringling werfen und mithelfen, ihn zu verjagen. Sie trugen ihre Speere bei sich, und einer der Jäger, Naenkemo, hatte sein altes Gewehr mitgebracht, die einzige moderne Waffe im Besitz dieser Waorani-Gruppe.

Lärmend vor Aufregung folgten Iyowa und andere Kinder den Jägern, die in die Richtung des Feldes liefen. Doch was sie dort vorfanden, war sehr enttäuschend. Von einem Jaguar war weit und breit keine Spur, nur ein einsames Klammeraffen-Weibchen war zu sehen. Man hatte die Rufe der Frauen falsch verstanden.

Der Anblick des Affen – das Tier versprach bei seiner Größe eine ordentliche Mahlzeit – ließ Iyowa bedauern, daß er sein Blasrohr nicht mitgebracht hatte. So blieb ihm nichts anderes übrig, als der Jagd auf den Affen zuzusehen, welcher quer über das Feld davonstob und sich jenseits davon auf einen der vielen hohen und schlanken Bäume flüchtete. In Sekundenschnelle war das Tier im Blattwerk verschwunden. Dann tauchte es noch einmal auf, als es über einen ungefähr 20 Meter hoch gelegenen Ast lief. Naenkemo feuerte einen Schuß ab, traf jedoch nicht. Der Affe schwang sich nach unten auf die Erde, und abermals nahmen alle die Verfolgung auf. Naenkemo feuerte einen zweiten Schuß ab und verwundete diesmal seine Beute an dem langen Greifschwanz. Doch der Affe flüchtete an einem Baum hoch, der eine Höhe von vielleicht 40 Metern hatte.

Mehr als eine Viertelstunde lang schlugen Iyowa und einige andere Kinder mit schweren, knorrigen Lianen gegen den Baum und stießen Schreie aus, um den Affen aus seinem Versteck zu locken. Doch ihre Mühe blieb vergebens. Iyowa verlor das Interesse an dieser scheinbar hoffnungslosen Jagd. Mit einem halben Dutzend jüngerer Kinder zog er zurück zur Lichtung und begann dort mit einer von Tedikawaes Macheten den schon verfaulenden Stamm einer Achiote in Stücke zu schlagen, den man vor einiger Zeit gefällt hatte, als ein neues Feld angelegt worden war. Der Baum besaß keine Zweige mehr und trug auch nicht mehr die Früchte, aus denen die Waorani den roten Farbstoff herstellten, mit dem sie ihre Körper und Speere bemalten. Doch auch so ließ sich aus dem Baum noch ein Farbstoff gewinnen. Iyowa schlug ein Stück Rinde ab, die an der Innenseite von einem hellen gelblichen Saft bedeckt war, rieb das Borkenstückchen über Gesicht und Körper und bemalte sich so aufs Geratewohl mit gelber Farbe. In ähnlicher Weise färbte er auch seine kleinen Freunde ein.

Als der Pflanzensaft aufgebraucht war, kündigte Iyowa einen Ausflug in den Dschungel zum Früchtesammeln an.

Vorsichtig wird eine Stechraupe mit einem Zweigende hochgehoben.

Mit Rücksicht auf das Alter seiner kleinen Freunde, unter denen sich sein achtjähriger Bruder Awa befand, sollte dies nur ein kurzer Abstecher werden. Sie folgten dem Pfad nach Süden und sahen schon nach wenigen Minuten einige schlanke Bäume, deren tiefhängende Zweige eine kleine gelbe Frucht trugen. Die Kinder verspeisten zwar einige dieser Früchte, doch galt ihr Augenmerk weit mehr den Bäumen selbst. Sie boten Gelegenheit zu einem aufregenden Klettcrspicl, denn ihre schlanken Stämme schaukelten und bogen sich nach allen Seiten, wenn die Kinder durch das Geäst hangelten. Zehn Minuten lang machte Iyowa bei diesem Hin- und Herschaukeln auf den unteren Ästen mit. Dann kletterte er einen Baum so weit hoch, daß der sich

Zwei Mädchen halten ein kleines Netz zum Fischen.

beinahe bis zum Boden nach unten bog und ihn dort sanft absetzte. Iyowa machte nun Schluß mit dem Spielen. Um die Mittagszeit kamen die Kinder zu den beiden Hütten zurück. Die Jüngeren warfen sich in ihre Hängematten, doch der rastlose Iyowa gönnte sich nicht einmal einen Schluck Chonta-Getränk. Er verkündete, er werde sogleich zum Fischen aufbrechen. Vier andere Kinder schlossen sich ihm an: Kemonka, Namo, Aewa und Giba – alle im Alter zwischen zehn und zwölf Jahren. Die beiden Mädchen, Aewa und Giba, rüsteten sich mit einem Netz aus: Es handelte sich um einen tennisschlägerähnlichen Rahmen, den man aus biegsamen Zweigen angefertigt und mit Palmfasern bespannt hatte. Kemonka holte sich eine Angel, die aus nichts weiter als einer Rute mit einer Palmfaserschnur bestand, an der ein metallener Haken befestigt war. Iyowa, der sich schon mit Blasrohr und Pfeil bewaffnet hatte, griff sich noch zwei etwa 2,70 Meter lange, aus Chonta-Holz geschnitzte elastische Speere zum Fischen. Seine Ausrüstung vervollständigte er noch mit einem sehr eigenartigen Gerät, einer Art Gesichtsmaske für das Fischen unter Wasser. Diese hatte er sich sehr geschickt aus einem ovalen Spiegel, von dem er das hinter dem Glas liegende Material abgekratzt hatte, und einem alten Gummistiefel gebastelt. Beides waren Gegenstände, die Ölsucher vor langer Zeit im Dschungel zurückgelassen hatten.

Unter Iyowas Führung zogen die Kinder in langer Reihe zum Bameno, der nach etwa 1,5 Kilometern auf den nach Süden führenden Pfad traf und gut 35 Kilometer weiter in Richtung Südosten in den Cononaco mündete. Auf dem Weg dorthin fielen den Kindern eine Menge dunkler, pelziger Raupen auf, die von den Bäumen entlang des Pfades heruntergefallen waren. Vorsichtig hob Iyowa eine von ihnen hoch und nahm sie näher in Augenschein. Dann warf er sie weg. „Wenn ihr die Raupen anfaßt", ermahnte er die anderen, „dann werden sie euch beißen. Ihr bekommt dann kleine Geschwüre." Eilig liefen die Kinder weiter.

Nach einem Fußmarsch von 20 Minuten erreichten sie den Bameno. Wie von Zauberhand bewegt, löste sich genau in diesem Moment die Wolkendecke auf, und zum erstenmal kam die Sonne durch. Dem Betrachter bot sich ein idyllisches Bild. Im gleißenden Sonnenlicht wand sich ein etwa 20 Meter breiter Fluß zwischen niedrigen Uferbänken hindurch und über umgestürzte Bäume hinweg. Zu beiden Seiten war er begrenzt durch den weiten grünen Hintergrund des Dschungels mit seinen Lianen, die herunterbaumelten wie die Vorhangschnüre eines Baldachins.

An dieser Stelle betrug die Flußtiefe kaum einen Meter, und eine Stunde lang planschten die Kinder im hellglänzenden, seichten Wasser. Dann kletterte Iyowa, von dem die gelbe Farbe abgespült worden war, auf einen halb unter Wasser liegenden Baumstamm und warf die Angel aus, die sein Bruder getragen hatte. Wie alle Waorani konnte er nicht

Zwei kleine Waorani zeigen ihre Fischausbeute, die sie auf ihren Stöcken aufgespießt haben.

besonders gut mit Angelrute und Schnur umgehen. Fischen verstand er als bloßes Spiel, und diesmal hatte er noch nicht mal einen Köder am Angelhaken. Nach fünf Minuten fühlte er sich gelangweilt; der Wunsch nach Abwechslung ließ ihn zum Ufer waten, wo er sich seine Gesichtsmaske und den Speer holte. Und sogleich nachdem er unter der Wasseroberfläche verschwunden war, gelang es ihm auch, einen gut 20 Zentimeter langen Katzenfisch mit dem Speer zu treffen.

Dieser Abschnitt des Bameno bot den Kindern noch weitere interessante Dinge. Auf einer Sandbank entdeckten sie die dreigeteilte Hufspur eines Tapirs, des größten im Regenwald lebenden Säugetiers. Iyowa, der schon ein guter Spurenleser war, meinte, der Tapir habe den Fluß erst einen Tag zuvor überquert. Ganz in der Nähe entdeckten sie noch ein verlassenes Wespennest, das an einem Busch hing und die Form eines Fußballs hatte. Eine Zeitlang vergnügten sie sich, indem sie es sich gegenseitig zuwarfen. Danach beteiligten sich alle an einem neuartigen Spiel, bei dem sie den toten Katzenfisch in der Strömung treiben ließen und versuchten, ihn ein paar Meter weiter flußabwärts wieder einzufangen. Wie bei all ihren Spielen ging es auch hier

Iyowa läßt sich auf dem Rücken im seichten Wasser des Flusses treiben.

nicht darum, der Beste zu sein, denn ein Gewinner oder Verlierer war nicht zu ermitteln.

An einem Abschnitt des Flußlaufs fanden die Kinder eine seichte Stelle, so daß sie sich dort flach ins Wasser legen und ungefähr 30 Meter weit treiben lassen konnten. Iyowa beteiligte sich eine Weile lang nicht an diesem Spiel, sondern schaute nur zu. Er kannte dieses Spiel nicht und hatte Angst, sich an den spitzen Steinen im Wasser zu verletzen. Dann aber schloß auch er sich dem lärmenden Treiben der anderen an, legte sich rücklings auf das schäumende Wasser und ließ sich hinter den anderen hertreiben.

Gegen vier Uhr nachmittags kletterten alle wieder ans Ufer und machten sich auf den Weg nach Hause. Wie stets mangelte es ihnen dabei nicht an Abwechslung. Neben einer verlassenen Hütte, dicht am Fluß, hielten sie an, um *dabokas* zu pflücken, eine leuchtendgelbe Frucht von der Größe einer Tomate. An einigen dieser Früchte taten sie sich sogleich gütlich, indem sie ihren bittersüßen Saft aussaugten, andere trugen sie in einem Korb nach Hause, den eines der Mädchen aus den großen Blättern eines Busches geflochten hatte. Iyowa ließ hier seine Begleiter vorangehen, während er in der Nähe eines Baches blieb und durch Pfeifen versuchte, einen sperlinggroßen Vogel in Reichweite seines geladenen Blasrohrs zu locken. Der Vogel kam aber nicht näher als etwa 15 Meter heran, und da er im Schutz des Dickichts hin und her flatterte, drohte ihm keine Gefahr. Iyowa schloß wieder zu seinen Freunden auf.

In diesem Augenblick sah er, wie Kemonka nach einer Pflanze am Rande des Pfades griff und sich einige der langen, noch zusammengerollten Blätter nahm, um diese als harmlose, speerähnliche Geschosse zu verwenden. Sein Bruder schlich sich an Aewa heran und hielt den Spielzeugspeer zu einem Überraschungsangriff bereit. „Paß auf!" rief Iyowa Aewa zu, und sie drehte sich gerade noch rechtzeitig um, so daß sie Kemonkas Speerwurf ausweichen konnte. Danach verschafften sich auch die anderen Kinder solche Blätter und machten Jagd aufeinander.

Zu Hause angelangt, übergab Iyowa den Fisch voll Stolz seiner Mutter. Es war jetzt fünf Uhr nachmittags, und außer einigen Früchten hatte Iyowa seit dem frühen Morgen noch

Ein vorgetäuschter Angriff mit einem langen, noch zusammengerollten Blatt sorgt bei einem Streifzug durch den Dschungel für Abwechslung.

Ein Kürbisgefäß mit Tepae bietet willkommene Erquickung.

nichts zu sich genommen. Gierig verschlang er drei Schüsseln Chonta-Suppe und ruhte sich dann ein paar Minuten in der Hängematte aus, gerade lange genug, um der Mutter kurz von seinem erfolgreichen Fischfang zu berichten. Dann lief er den Hügel hinunter zu den anderen Kindern, die in einem Bach herumplanschten.

Etwa eine Stunde später, bei Einbruch der Dämmerung, kam Iyowa wieder nach Hause, trank noch mehr Chonta und aß den Katzenfisch, den ihm seine Mutter zubereitet hatte. Dann legte er sich auf eine Borkenmatte neben eines der beiden Feuer in der Hütte und begann, sich mit Kemonka und Awa zu balgen. Am anderen Ende der Hütte unterhielten sich Tedikawae und seine Familie mit gedämpften Stimmen. Diese wurden nur lauter, als man auf die morgendliche Affenjagd zu sprechen kam.

Tedikawae hatte daran nicht teilgenommen und fand die Angelegenheit kaum der Rede wert. „Nur ein einziger Klammeraffe!" bemerkte er verächtlich.

Iyowa hörte auf zu balgen. „In dieser Gegend gibt es nicht viele Klammeraffen. Wir haben sie alle erlegt", sagte er, ohne sich an jemand besonders zu richten. „Ich habe einmal drei Eichhörnchen getötet", ließ er ohne jeden Zusammenhang folgen. „Waren es drei, Mutter? Und zwei Tauben. Und dann fünf Eichhörnchen. Ich habe auch viele, viele Vögel erlegt." Er konnte sich nicht präziser ausdrücken, da seine Sprache Zahlen über zehn nicht kennt.

Mit seinen Erfolgen als Jäger sichtlich zufrieden, nahm Iyowa sein Spiel mit den anderen Kindern wieder auf. Bald danach, gegen acht Uhr abends, legte er sich zur Nachtruhe in seine Hängematte. Die Erwachsenen, von der Feier am Vorabend noch müde, folgten seinem Beispiel. Die Unterhaltungen wurden leiser, langsam verlöschte das Feuer. Für Iyowa war es ein Tag wie jeder andere – er war fast dauernd in Bewegung gewesen, und ohne daß er es selbst bemerkte, hatte ihn eine Reihe unbedeutend scheinender Ereignisse und Entdeckungen wieder ein Stück weiter gebracht in der Kunst, mit Geschick und Wissen in der unwirtlichen Welt des Dschungels zu überleben.

Iyowa und ein Kind ruhen vor dem abendlichen Feuer.

Vier | Eine harmonische Gemeinschaft

Das Erwachen nach meiner ersten Nacht als Gast bei einer Waorani-Familie wird mir unvergeßlich bleiben. In der rechteckigen Hütte Kaempaedes wurde es langsam hell, als ich durch ein merkwürdiges Geräusch aus dem Schlaf gerissen wurde, das an eine alte Lokomotive erinnerte, die sich langsam in Gang setzt. Die vier Frauen des Hauses waren aufgestanden und versuchten nun, jede mit einem Fächer aus Hokko-Federn ausgerüstet, das nur noch schwach glimmende Feuer wieder anzufachen, um das herum die Angehörigen ihrer Familie, einige allein, andere zu zweit, in den Hängematten schliefen. Dann begannen die Frauen, wobei eine von ihnen leise ein monotones Lied vor sich hersang, zu Brei zerstampfte Chonta-Frucht mit Wasser zu mischen, um die Morgenportion *tepae* für die Männer und Kinder vorzubereiten. Der Tag hatte begonnen.

Am einen Ende der Hütte stolzierten, angebunden an Bambusstäbe, zwei Aras in ihrem leuchtendbunten Federkleid von Scharlachrot, Gold und Blau umher. Einer gab einen Schrei von sich, von irgendwoher kam ein Jodeln als Antwort. Am gegenüberliegenden Ende der Hütte schaukelte Kaempaede in seiner Hängematte neben einem Papagei, den man an einer hölzernen Sitzstange festgebunden hatte. „Alte", rief er zu seiner Frau herüber, *„tepae!"* Sogleich brachte sie ihm eine Kürbishälfte voll. Als sie auf ihn zuging, rief der Papagei: „Vater! Vater!", und ein Kapuzineraffe, der mit einer Schlingpflanze an einem der senkrechten Stützpfosten der Hütte festgebunden war, sprang laut kreischend auf und ab. Kaempaede blickte grinsend zu dem Affen hinüber und sagte mit spaßhaft verstellter, hoher Stimme: „Noch nicht lange her, und ich hätte dich beinahe gegessen. Und jetzt willst du mich fressen, stimmt's?"

So wich allmählich die friedliche Stille der Nacht dem geschäftigen Alltag. Mädchen kamen und gingen mit Behältern voll Wasser aus einem nahe gelegenen Bach. Jungen kämpften miteinander in ihren Hängematten, während kleinere Kinder im Licht der Morgensonne aus der Hütte heraus und wieder herein flitzten. Der kleine Oma, Kaempaedes dreijähriger Enkel, warf halbgekauten Maniok nach einem schon älteren Jungen, der daraufhin in schallendes Gelächter ausbrach. Einem der Aras war es gelungen, sein Band aus Raffia-Bast durchzupicken, und jetzt schwirrte er, von den Kindern eifrig verfolgt, in der Hütte umher. Der Tag war genau 30 Minuten alt, und schon stand der Haushalt kopf. Dies war für mich ein gänzlich ungewohntes Gefühl. Drei Wochen lang hatte ich allein in Sam Padillas Hütte gelebt und war jeden Tag über den Cononaco geschwommen; nun hatte ich meine erste Nacht bei der dreizehnköpfigen Waorani-Familie verbracht, die gerade 25 Kilometer vom Flußufer weg in Richtung Nordwesten nach Dyowetomi

gezogen war. Zusammen mit Jim Yost und John Wright wollte ich zehn Tage in Kaempaedes Hütte leben und so einen ersten tieferen Einblick in den Alltag einer Waorani-Familie gewinnen.

Dabei machte ich vor allem die Erfahrung, daß die Fähigkeit der Waorani, ohne Zank und Streit miteinander auszukommen, die Grundlage ihrer gesamten Lebensweise bildete. In dieser Ansiedlung, die aus zwei nur wenige Meter voneinander entfernten Haupthütten und einer dritten, ein paar Kilometer weiter gelegenen, bestand, bildeten 33 Personen – Männer und Frauen, Kinder und Enkelkinder, Onkel und Tanten – eine einzige, eng miteinander verflochtene Gemeinschaft. Und doch schienen sie ein Leben ohne Spannungen und Konflikte zu führen. Niemals habe ich es erlebt, daß sich Mitglieder dieser Gruppe untereinander bedrohten, und auch ernsthafte Auseinandersetzungen, selbst bei kleineren Kindern, habe ich nicht beobachten können. Gelöste Heiterkeit und Lachen bestimmten das Bild. In den seltenen Fällen, in denen sich jemand mürrisch oder nicht hilfsbereit zeigte, nahm niemand daran Anstoß. Man akzeptierte den anderen, ohne ihm gelegentliche Mißstimmungen oder vielleicht befremdliche Angewohnheiten übelzunehmen.

Solche Ausgeglichenheit und Toleranz finden sich hier aber nicht ohne guten Grund. Ein kleiner Stamm, der inmitten einer feindlichen Umgebung und in beständiger Furcht lebt, angegriffen zu werden, kann es sich angesichts der fehlenden Disziplin und Autorität bei den Waorani nicht leisten, irgend jemanden aus der Stammesgemeinschaft zu verstoßen. Ein Mann ist auf seine Frau angewiesen, die Maniok erntet, *tepae* zubereitet und Gebrauchsgegenstände für den Haushalt herstellt; die Frau wiederum kann nicht ohne ihren Mann leben, der auf die Jagd geht, Bäume fällt und Hütten errichtet. Später in ihrem Leben müssen sich beide darauf verlassen können, daß ihre Kinder diese Aufgaben übernehmen. Darüber hinaus braucht eine solche kleine Familie Freunde und Verwandte, um nicht in beständiger Furcht vor kriegerischen Auseinandersetzungen mit anderen Gruppen leben zu müssen.

Ab und zu mag es vorkommen, daß ein Waorani sich über die Trägheit eines Stammesgenossen beklagt. Doch im allgemeinen hält man sich in seiner eigenen Gruppe mit Kritik an anderen zurück, vor allem versucht man unbedingt, Wutausbrüche und Tätlichkeiten zu vermeiden. „Wenn es dazu kommt", sagt Naenkemo, „ist das soviel wie eine Kriegserklärung." Entweder verträgt man sich, oder es herrscht Kriegszustand, Abstufungen gibt es hier nicht. Kämpfe zwischen Mitgliedern einer Gruppe sind äußerst selten; lassen sie sich aber nicht umgehen, so haben sie unweigerlich zur Folge, daß eine der beiden rivalisierenden Parteien sich absetzt und in einen anderen Teil des Dschungels zieht.

Erst nach einigen Tagen in Dyowetomi wurde mir klar, wie tief das Zusammengehörigkeitsgefühl in den einzelnen Mitgliedern der Gruppe verwurzelt ist. Einen ersten Hinweis darauf erhielt ich, als ich einen Wettbewerb organisieren wollte, um herauszufinden, wer Speere oder Steine am weitesten werfen konnte. Dieser Versuch, die Männer zu bewegen, ihre zweifellos beachtliche Stärke zu demonstrieren, schlug völlig fehl. Sie begnügten sich damit, mich bei meinen Würfen zu beobachten, doch niemand traf Anstalten mitzumachen. Ebenso verhielt es sich bei den Kindern; Jungen und Mädchen spielten zwar leidenschaftlich gern, doch keiner wollte beim Spiel gewinnen oder sich dabei hervortun, sei es Matschwerfen, Ringen, Tauchen, Rutschen oder Klettern.

Jim Yost wußte von ähnlichem Verhalten bei Stammesangehörigen zu berichten, die im Protektorat den Arbeitern einer Ölgesellschaft beim Fußball zugesehen hatten. Der Versuch der Waorani, selbst Fußball zu spielen, endete in einer Komödie: Die Spieler wechselten nach Belieben die Seiten, um mit Verwandten oder Freunden in einer Mannschaft zu spielen. Niemand griff den Gegner an. Die Akteure rührten sich kaum vom Fleck und kickten den Ball nur, wenn er direkt auf sie zukam. Es dauerte mehrere Jahre, ehe es Außenstehenden gelang, den im Protektorat lebenden Waorani die fremdartige Vorstellung von individueller Leistung und überlegenem Mannschaftsgeist zu vermitteln, wie sie unserem Verständnis von Sport zugrunde liegt.

Ein ebenso schwach ausgeprägtes Konkurrenzdenken zeichnet auch die Einstellung der Waorani zur Sexualität aus. Für einen Außenstehenden liegt die Frage nahe, wie sich in einer so kleinen, dicht aufeinander lebenden Gemeinschaft Ausbrüche von Leidenschaft, die man gewöhnlich mit geschlechtlichen Beziehungen assoziiert, unter Kontrolle halten lassen. Die Antwort lautet, daß unser westliches Verständnis von Liebe und Ehe, das auf der Grundlage einer argwöhnisch überwachten Monogamie beruht, den Waorani fremd ist und sie der Sexualität keinerlei tiefere Bedeutung beimessen.

Nie habe ich unmittelbar auf Sexualität ausgerichtete Verhaltensweisen bei diesem Volk beobachten können, das doch eine Vielzahl körperlicher Kontakte kennt: Man teilt miteinander die Hängematte und läßt sich Tag für Tag gegenseitig die gründlichste Körperpflege, auch in sehr intimer Weise, angedeihen. Naenkemo und seine Frau Gami zum Beispiel pflegen oft eng aneinandergeschmiegt in der gleichen Hängematte zu liegen. Offensichtlich waren sie sich sehr zugetan. Doch ihr Verhalten drückte so wenig sexuelles Verlangen aus, daß man hätte glauben können, sie seien noch Kinder. Es gab kein Küssen und keine Liebkosungen, nicht die geringste Andeutung von Leidenschaft.

Dies soll aber nicht heißen, daß die Waorani körperliches Verlangen nicht kennen, heißt doch in ihrer Sprache „sich vergnügen" und „sexuell verkehren" ein und dasselbe. Der Geschlechtsakt wird schnell und wie beiläufig vollzogen, meist früh am Tage, wenn sie ohnehin in den Urwald gehen. Darüber hinaus sieht man in der Ehe mehr eine praktische als eine emotionale Partnerschaft. Eifersucht entwickelt sich auch dann kaum, wenn zwei Männer oder zwei Frauen den gleichen Partner haben. Unter den Dingen, die bei den Waorani Konflikte hervorrufen könnten, steht die Sexualität so ziemlich an letzter Stelle.

Gegen Anfang Januar, als wir uns nach Dyowetomi zu Kaempaede aufmachten, hatte sich die Gruppe am Cononaco weitgehend aufgelöst. Kadowae war mit seinen beiden Frauen und fünf Kindern nach Yasuni gezogen – „wegen eines Gewehrs", wie er sagte. Alle anderen waren zwischenzeitlich nach Dyowetomi

Vereinzelte Strahlen der abendlichen Sonne fallen durch das Strohdach, während eine Frau es sich mit ihrem kleinen Kind auf einer Hängematte bequem gemacht hat und die Manioknahrung für ihre Familie zubereitet. Die beiden älteren Söhne räkeln sich in ihrer eigenen Hängematte, in der sie sich nach der Mahlzeit zum Schlaf niederlegen werden.

übergesiedelt, wo sie die Chonta-Zeit erwarteten, drei Monate des Überflusses, in denen ihnen eine reiche Ernte saftiger Baumfrüchte die Mühen der Jagd und der Feldarbeit auf ein Mindestmaß reduzieren würde. Unsere Gruppe besaß schon seit Generationen Wohnplätze in Dyowetomi und hatte im Laufe der Jahre so viele Chonta-Bäume angepflanzt, daß dort eine der ergiebigsten Chonta-Gegenden im östlichen Teil des Waorani-Gebietes entstanden war.

Die Siedlung liegt auf erhöhtem Grund in der Nähe zweier Flüsse, des Iwampedi („Fluß der Brüllaffen") und des Bameno („Knochenfluß"), beides nördliche Nebenflüsse des Cononaco. Kaempaede gehörte eine der beiden Hütten, die oben auf einem nach Westen laufenden Hügelkamm lagen und von denen aus man die mit Maniok bepflanzten Hänge überblicken konnte. Die zweite Hütte wurde von Tedikawaes engerer Familie bewohnt, seiner Schwägerin Kowane und fünf ihrer Kinder, und den drei verwaisten Jugendlichen, Wenae, Namo und Kome. Gut drei Kilometer entfernt lebte eine sechsköpfige Familie in einer dritten Hütte; sie gehörte einem Jäger namens Menga, dessen zwei erwachsene Töchter jetzt Kadowaes Ehefrauen waren.

Kaempaedes Hütte, ein einziger Raum von etwa 9 mal 7,50 Meter Größe, bot ein besonders chaotisches Bild. Bei unserer Ankunft drängten sich hier, auf 13 Hängematten verteilt, 16 Personen, dazu kamen ein Papagei, ein Affe, zwei Aras und ein halbes Dutzend Amazonen. Als männliches Oberhaupt der Familie hatte Kaempaede seine Hängematte neben der Tür; unmittelbar neben ihm schliefen seine Frau Menyimo und ihre jüngste Tochter. Weiter drinnen, entlang einer der Wände, hingen die Hängematten von Kaempaedes Schwester Mima, einer Witwe, und ihrer drei unverheirateten Kinder Dabo, Odaewa und Giwa. Auf der gegenüberliegenden Seite befand sich der Haushalt Nyamas, eines recht komischen Kauzes, der mit merkwürdig heiserer Stimme beständig lachte und Scherze machte. Nyama war mit einer der Töchter Mimas verheiratet. Jim Yost, John Wright

Mit dem Blasrohr auf der Schulter kehren zwei Jäger nach einer erfolglosen Jagd auf Affen und Vögel zu ihrer Siedlung mitten im Dschungel zurück. Die beiden großräumigen Hütten werden manchmal von nicht weniger als 30 Männern, Frauen und Kindern bewohnt, die fünf oder sechs Familien angehören.

und ich befestigten unsere Hängematten da, wo eine vierte Familie residierte, deren Oberhaupt Naenkemo, Mimos ältester Sohn, war.

Die benachbarte Hütte Tedikawaes erschien mit ihren nur 14 Bewohnern und bedeutend weniger Haustieren weitaus geräumiger. Dennoch war ich erleichtert, daß wir alle bei dem gastfreundlichen, stets gutgelaunten Kaempaede untergebracht waren. Tedikawae konnte sehr gut alte Lieder der Waorani vortragen, er war auch ein hervorragender Jäger und verstand sich ausgezeichnet darauf, Blasrohre zu bauen. Aber er hätte wohl einen schlechten Gastgeber abgegeben. Seit dem Tag unserer Ankunft am Cononaco ging er uns auf die Nerven, da er beständig verlangte, wir sollten ihm diese oder jene Dinge mit dem Flugzeug heranschaffen. Meist verlangte er Gewehre, Patronen, Messer, Eisenfeilen und „Schlangenbiß-Pillen". Nicht selten bat er um ausgefallene Konsumgüter wie Kühlschrank und Fernseher, von denen er durch die Beschreibungen von Fremden eine vage Vorstellung besaß; einmal äußerte er auch einen geradezu grotesken Wunsch: „Wenn ihr das nächste Mal kommt, bringt ihr mir ein Klavier mit!"

Um unser Bild der Waorani-Gruppe in Dyowetomi zu vervollkommnen, zogen wir in Richtung Westen los, um Menga und seine Familie zu besuchen. Der Dschungelpfad, den das ungeübte Auge kaum zu erkennen vermochte und der zweimal von seichten, breiten Flüssen unterbrochen wurde, führte über mehrere steile Hügelkämme. Schließlich erblickten wir auf der höchsten Anhöhe dieses Gebietes eine einsame Hütte, die so günstig gelegen war, daß ihre Bewohner jeden Eindringling leicht entdecken konnten.

Bei unserer Ankunft trafen wir Menga allein an, wie er Pfeile schnitzend in seiner Hängematte saß. Seine Frau und die vier Kinder waren auf dem Feld, wo sie Unkraut jäteten. Menga stellte unter den Waorani, die ich kennenlernte, die weitaus eindruckvollste Persönlichkeit dar – ein Mann von 45 Jahren, mit gestähltem Körper und bei bester Gesundheit, und der einzige Erwachsene in dieser Gruppe, der über ein gesundes, kräftiges Gebiß verfügte. Er strahlte in sehr starkem Maße Autorität, Selbstbewußtsein und Würde aus, Charakterzüge, die er noch dadurch betonte – wenn auch unbewußt –, daß er mit seiner Familie weitab vom Rest der Gruppe lebte.

Mengas Haus war ungewöhnlich offen und weitausladend gebaut; nur eine kleine Zahl Palmwedel bildete die wenig stabilen Außenwände. Auf dem Boden lag ein kurz zuvor erlegter Hokko. Drei Speere und zwei Blasrohre standen gegen eine Wand gelehnt. Es fehlten auch nicht die Haustiere – zwei Aras, ein winziges Totenkopfäffchen, das wie eine Maus quiekte, und draußen eine prachtvolle Harpyie, eine Adlerart. Von seinem Sitz in luftiger Höhe, einer Holzplattform, die durch ein Blätterdach vor der Sonne geschützt war, blickte der Raubvogel mit seinen glänzenden Augen über den gebogenen Schnabel nach unten, und oft, wenn er drohend seine gespenstisch weißen Flügel schlug, erinnerte er an das Bild eines Zauberers in einem wallenden Umhang.

Was mich zunächst am nachhaltigsten beeindruckte, war die Erziehung der Kinder. Eine so enge körperliche Bindung zwischen Mutter und Kind wie hier hatte ich noch nirgends erlebt. Mütter stillten ihre Kinder bei Bedarf, schliefen zusammen mit ihnen und trugen sie bis zum Alter von zwei oder mehr Jahren in Schlingen aus Baumrinde mit sich herum. Danach wuchsen die Kleinen im Dschungel wie auf einem Spielplatz auf, der ihnen vom Klettern über das Früchtesammeln bis hin zum Spurenlesen zahlreiche Möglichkeiten bot, sich körperlich und geistig auf ihre Aufgaben als Erwachsene vorzubereiten.

Bei einigen Waorani-Gruppen, so berichtete mir Yost, behandeln die Eltern ihre Kinder mit großer Strenge. Gelegentlich bestrafen oder härten sie die Kinder ab, indem sie sie mit Ruten oder mit einer ungefähr 40 Zentimeter langen Lederpeit-

Exotische Haustiere

Die Waorani umgeben sich gerne mit Haustieren und halten die verschiedensten Arten von Vögeln und Affen, die sie im Dschungel eingefangen haben. Die Affen fängt man meistens als Jungtiere, und die Vögel nimmt man zu sich, solange sie noch nicht flügge sind.

Einige dieser Tiere läßt man bald wieder frei oder tötet sie: Eine Eidechse (rechts) stellt ein schnell wieder vergessenes Spielzeug dar, und selbst Vögeln oder Affen kann es passieren, daß sie sich im Kochtopf wiederfinden. Doch häufig, besonders bei Aras und kleineren Affen, behält man die Tiere über Jahre und nimmt sie mit sich, wenn man irgendwo eine neue Ansiedlung errichtet. In vielen Fällen werden diese Tiere mit Schnüren aus Raffia-Bast an Stangen oder Pfosten der Hütte angebunden und mit Essensresten gefüttert. Nacht-Hokkos (obere Reihe, zweites Bild von rechts) jedoch picken die Insekten auf, die sie in der Hütte finden, und Karakaras stolzieren draußen auf der Suche nach Käfern umher und begrüßen jeden Fremden, der vorübergeht, mit ihrem lauten Geschrei.

Eine Eidechse läuft über die Brust eines Jungen.

Ein Titi klammert sich am Kopf eines Jungen fest.

Ein Tukan, der an einen Pfosten festgebunden ist, gibt ein lautes Krächzen von sich, um die Aufmerksamkeit seines Herrn auf sich zu lenken.

Ein junger Hokko sieht zu, wie sein Besitzer mit einer Faser aus Raffia-Bast spielt.

Ein Junge liebkost seine Amazone.

in Kind bedeckt mit einem Netz einen Ara.

Zwei Kinder schließen Freundschaft mit einem verwaisten Kapuzineraffen.

sche schlagen, die man aus dem über einem Feuer getrockneten Penis eines Wildschweines herstellt. Doch die Gruppe, auf die ich am Cononaco und in Dyowetomi traf, hatte solche Praktiken offenbar längst aufgegeben. Ihre einzige Strafprozedur bestand im Berühren mit Nesseln: Man stach ein Kind mit einer einheimischen Nesselpflanze, deren Blätter an ihrer Unterseite ganze Reihen von leicht giftigen Stacheln aufweisen.

Tatsächlich wird das sogenannte „Nesseln" bei Kindern weniger als Strafe denn als rituelle Prozedur durchgeführt. Nach erfolgreicher Jagd oder wenn man eine neue Lichtung im Urwald freigeschlagen hat, führen Mütter ihre Kinder – Mädchen wie Jungen – zum „Nesseln" zu den Männern, im Glauben, daß dieser rituelle Akt Stärke und Tapferkeit der Erwachsenen auf sie übertragen wird. Die Kinder reagieren normalerweise mit Schreien und Weglaufen. Naenkemo stach mich einmal mit Nesseln, um mir deren Wirkung zu zeigen. Es bildeten sich eine Reihe kleiner Schwielen, die aber nicht mehr schmerzten als Nesselstiche in gemäßigten Zonen. Naenkemo nahm die Quaddeln zufrieden in Augenschein und sagte lachend: „Jetzt wirst du wirklich in der Lage sein, Bäume zu fällen!"

Alles in allem führen die Kinder der Waorani jedoch noch ein beneidenswert unbeschwertes Leben. Sie passen sich auf natürliche Weise ihrer Umwelt an, und am Ende der Kindheit zeigen sich sowohl die jungen Männer als auch die Mädchen ihrer jeweiligen Rolle ohne Schwierigkeiten gewachsen.

Während unseres Aufenthaltes am Cononaco hatte ich den Großteil meiner Zeit mit den Männern verbracht. Ich hatte sie auf der Jagd begleitet und ihnen zugeschaut, wie sie Felder anlegten, ihre Hütten ausbesserten und Blasrohre sowie Pfeile schnitzten. In Dyowetomi jedoch beschränkten sich die Tätigkeiten der Männer im wesentlichen darauf, Chonta-Früchte zu sammeln. Die Arbeit der Frauen erschien wesentlich abwechslungsreicher. Ohne sich aus der Ruhe bringen zu lassen, gingen sie ihren Pflichten im Haushalt und auf den Feldern nach. Manchmal sangen oder plauderten sie, bisweilen arbeiteten sie still vor sich hin und waren ganz darauf konzentriert, die traditionellen Hängematten, Tonschüsseln oder Tragschlingen aus Baumrinde herzustellen.

Hängematten spielen im häuslichen Alltag der Waorani eine so große Rolle, daß sie an einem Ort zu leben als „schwingen" bezeichnen. Wie meistens bei den Waorani beginnt auch die Herstellung einer Hängematte mit einem Streifzug durch den Dschungel – in diesem Fall, um die Stengel junger Chambira-Palmen mit ihren noch eng zusammengerollten Blättern zu suchen. Zurück in der Hütte, schlagen die Frauen mit der Hand gegen die Stengel, so daß die Blätter sich öffnen, dann reißen sie diese ab und zerlegen sie in die fünf Faserschichten, aus denen sie bestehen: je zwei äußere und zwei innere Fasern sowie die mittlere Faser. Die äußeren Fasern und die mittlere Faser werden weggeworfen, man verwendet nur die inneren, etwa 1,20 Meter langen weißlichen Fasern und läßt sie trocknen.

Ein oder zwei Tage später beginnen die Frauen mit der Verarbeitung der Faserstreifen, indem sie die Enden übereinanderlegen und verknüpfen und diese dann auf dem Oberschenkel rollen, bis eine einzige, durchgehende Faser von mehreren Dutzend Meter Länge entstanden ist. Als Webstuhl dient ihnen ein 1,20 bis 1,50 Meter großer quadratischer Holzrahmen. Dabei halten sie das Fasermaterial sauber aufgewickelt bereit, ziehen dann die Fasern auf und verweben sie miteinander, bis nach wochenlanger Arbeit ein großes Gewebe entstanden ist. Schließlich wird es an den Enden aufgenommen und an einem Stück Chonta-Holz oder einem Affenknochen von gut 20 Zentimeter Länge befestigt.

Das fertige Produkt ist ein bequemes, leicht zu tragendes Bett, das aus beinahe 1000 Meter Faden besteht, jedoch nur vier oder fünf Pfund wiegt und bis zu fünf Personen tragen kann. Sein einziger Nachteil besteht darin, daß sich das Material

Eine alte Frau wirft brennende Farnwedel in ihre neue Tonschüssel, die so von innen erhitzt wird. Zwanzig Minuten später zündet sie das um die Schüssel herumliegende Holz an und erhitzt sie so von außen. Dieser Vorgang wird wiederholt, bis die Schüssel wasserdicht und hitzefest ist. Zuletzt wird das Gefäß mit Zweigen abgedeckt und stundenlang in der Glut eines erlöschenden Feuers belassen.

nach ein oder zwei Jahren abzunutzen beginnt und vom häufigen Gebrauch verschmutzt, bis es allmählich zerfällt. Da es drei Monate dauert, eine Hängematte herzustellen, sind Frauen mit dieser Arbeit nahezu ständig beschäftigt.

Demgegenüber lassen sich Tragschlingen aus Baumrinde und Tongefäße relativ leicht anfertigen. In Dyowetomi hatte ich Gelegenheit, Frauen bei der Arbeit an solchen Schlingen zuzusehen, und die einzige Schwierigkeit dabei schien darin zu bestehen, die unterschiedlichen Baumarten zu finden und dann die Bäume zu fällen, die das für eine Tragschlinge notwendige Material liefern. Wenn der Baum auf die passende Länge – etwa 1,80 bis 2,40 Meter – zurechtgeschnitten ist, schabt man die graue, weiche äußere Rinde mit einer Machete ab und legt so die rauh aussehende innere Rinde frei. Diese erweist sich als weich und kräftig wie Ziegenleder, und um sie vom Stamm abzulösen, braucht man nur mit dem Griff der Machete dagegen zu klopfen.

Eines Tages konnte ich beobachten, wie Wenae eine Tragschlinge aus einem länglichen Stück Rinde herstellte, das sie von einem Stamm abgeschält, weichgeklopft und im Fluß gewaschen hatte. Mit einem angespitzten Stock stach sie an den Enden eine Reihe kleiner Löcher hinein, durch die sie Palmfasern fädelte, und legte das Tuch zu einer Schleife zusammen. Sie brauchte anschließend nur noch die Fasern zusammenzubinden und besaß eine Tragschlinge, die über die Schulter bzw. Brust gestreift werden konnte. Sie war sehr haltbar und gleichzeitig bequem.

In zunehmendem Maße benutzen die Waorani am Cononaco zum Kochen und Anrichten des *tepae* große Metalltöpfe, die ihnen Fremde mitgebracht haben. Wenn sie jedoch zu einer neuen Ansiedlung zogen, ließen sie diese sperrigen Gefäße manchmal zurück und besannen sich auf die alte Kunst des Töpferns. So kam es, daß ich bald nach unserer Ankunft in Dyowetomi eine der seltenen Gelegenheiten miterlebte, bei denen Waorani diese Kunst noch ausüben.

Eines Morgens setzte sich Menyimo auf einen Holzklotz vor der Hütte und fing an, bläulichen Lehm zu kneten, den sie vom Flußufer geholt hatte. Mit den Händen preßte sie den Lehm zusammen und rollte ihn zu länglichen, wurstähnlichen Streifen. Diese formte sie zu Ringen und legte sie übereinander, bis sie, etwa 60 Zentimeter hoch, ein krugähnliches Gebilde ergaben. Dabei achtete sie ständig darauf, daß die Oberfläche der Ringe innen und außen keine Unebenheiten aufwiesen. Sie brauchte insgesamt etwa zwei Stunden, um das Gefäß fertigzustellen, und weitere sechs Stunden dauerte es, den Krug in der Asche eines kleinen Feuers vor ihrer Hütte zu brennen. Das fertige Gefäß besaß einen gewölbten Boden und paßte so gut zwischen zwei Holzscheite eines Feuers; es war, bis auf einen Streifen um die Mitte, völlig ohne Verzierungen.

„Was soll dieser Streifen?" fragte ich.

„So macht man einen Topf eben", antwortete sie. Eine weitere Erklärung war nicht notwendig. Was immer die Waorani herstellen – seien es Hängematten, Tragschlingen, Blasrohre, Pfeile oder Curare –, stets gehen sie dabei so vor, wie es seit Generationen überliefert ist.

Die Frauen stellen aber nicht nur Haushaltsgegenstände her und besorgen die Feldarbeit, sie sind auch für viele andere täglich zu verrichtende Arbeiten zuständig. Sie holen Wasser aus nahe gelegenen Flüssen oder Bächen, fegen die Hütten mit einem aus Zweigen oder Federn zusammengebundenen Besen aus und kümmern sich um die Kinder. Ihre Tätigkeiten ergänzen die ihrer Männer; ohne gegenseitige Hilfe könnte keiner von ihnen überleben.

Wer mit den Waorani zusammenlebt, wird leicht erkennen, daß ihre Toleranz zumindest teilweise in ihrer Abhängigkeit voneinander begründet ist. Viel schwerer fällt es da schon zu verstehen, wie tief ihre gegenseitige Achtung in dem

Eine Tragschlinge aus Rinde bietet dem Kind eine behagliche Sitzgelegenheit. Die Mutter stellt die kräftige Tragschlinge her, indem sie zunächst ein knapp zwei Meter langes Stück der äußeren Borke eines Feigenbaums abschält; danach bearbeitet sie die darunter befindliche dünne Rinde, bis diese sich vom Holz löst (unten). Nachdem sie das weiche Rindenstück gewaschen und getrocknet hat, preßt sie es zu zwei flachen Schichten zusammen und verknüpft die Enden mit Raffia-Bast.

Kunstvolle Hängematten

Eine Hängematte herzustellen erfordert einen beträchtlichen Aufwand an Zeit und Arbeitskraft. Eine Frau benötigt etwa drei Monate, um das 4,20 mal 1,20 Meter große Geflecht aus Palmfasern herzustellen. Nachdem sie die jungen Stiele der mit starken Blättern besetzten Wedel der Chambira-Palme gesammelt hat, zerlegt sie jedes einzelne Blatt in seine verschiedenen Faserschichten und hängt die verwendungsfähigen Fasern der Länge nach zum Trocknen auf. Zwei Wochen später beginnt sie mit der Verarbeitung, wobei sie die knapp ein Meter langen Faserstreifen übereinanderlegt und zwischen Hand und Oberschenkel rollt und reibt, bis sich eine einzige, durchgehende Faser von ein paar Dutzend Meter Länge bildet.

Die Technik, mit deren Hilfe sie die Fasern zu einem bequemen, tragfähigen Netz verarbeitet, kann man als Stricken ohne Nadeln bezeichnen. Um die Querstange eines Holzrahmens werden Fasern gespannt, dann zieht man weitere Fasern durch alle Schleifen der vorhergehenden Reihe und wickelt sie an den Enden um die senkrecht stehenden Stangen.

Die äußere Schicht eines Palmwedels wird abgeschält.

Faserstreifen hängen zum Trocknen an der Luft.

Gefühl verwurzelt ist, einer großen Familie anzugehören. Die verwandtschaftlichen Beziehungen bilden ein mächtiges, alle Gruppen einendes Band, und diese Beziehungen sind einigermaßen komplex, da ihnen – anders als in unserem Kulturkreis – eine sehr weite Definition dessen zugrunde liegt, wer als Mutter, Vater, Schwester und Bruder zu gelten hat.

Will man verstehen, welche Vorstellung die Waorani von verwandtschaftlichen Beziehungen haben, so ist es erforderlich, die bei einer Heirat geltenden Normen zu beachten. Wie nahezu alle Gesellschaftsformen lassen auch sie eine Heirat zwischen natürlichen Brüdern und Schwestern nicht zu. Auf der anderen Seite ist es bei den Waorani statthaft, daß Männer oder Frauen mehr als einen Partner haben; man erlaubt, ja man fordert sogar Eheschließungen zwischen Geschwisterkindern, die man dort nicht als zu nahe verwandt einschätzt. Nach dem Verständnis der Waorani darf man Nachkommen von Brüdern seiner Mutter oder Schwestern seines Vaters heiraten, nicht aber solche von Schwestern seiner Mutter oder Brüdern seines Vaters.

Von solchen Normen ausgehend, wird ein Junge mit „Mutter" nicht nur seine natürliche Mutter anreden, sondern auch ihre Schwestern – eine Gruppe von Frauen, mit denen sein Vater ebenso verheiratet sein könnte. Analog dazu betrachtet ein Junge auch die Brüder seines Vaters als „Väter", da sie ja zu der Gruppe von Männern gehören, die seine Mutter heiraten dürfen. Dieses System trägt dazu bei, jedem Kind ein starkes Gefühl von Sicherheit und Zugehörigkeit zu vermitteln. In der Cononaco-Gruppe trat es am eindrucksvollsten bei den drei Waisen Wenae, Namo und Kome in Erscheinung. Ende der sechziger Jahre hatten sie ihre Mutter verloren, und zehn Jahre später war ihr Vater gestorben. Doch dieser doppelte Schicksalsschlag bedeutete für sie kaum einen Verlust an Geborgenheit. Fortan lebten sie bei ihrem verheirateten Bruder Tedikawae und wuchsen mit zahlreichen Vettern und Kusinen auf, die sie als „Brüder" und „Schwestern" betrachteten. Ihr Zugehörigkeitsgefühl zu einer Familiengruppe war ebenso ausgeprägt wie das von Kindern, deren Eltern noch lebten.

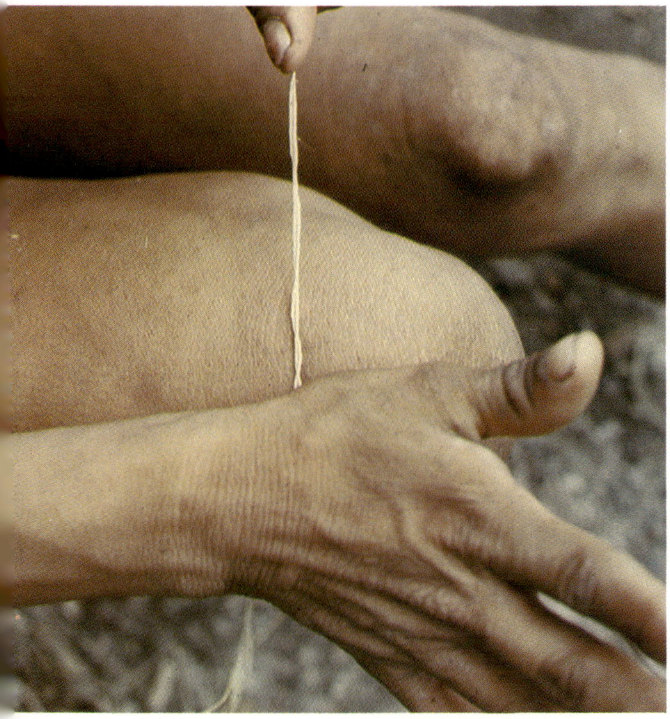

us mehreren Faserstreifen wird eine durchgehende Faser gerollt.

Auf einem 1,20 Meter breiten Rahmen wird die Hängematte hergestellt.

Die Gruppensolidarität, die auf einem System enger verwandtschaftlicher Beziehungen beruht, besitzt für die Waorani existentielle Bedeutung. Deshalb sieht jede Gruppe Ehen lieber innerhalb des eigenen kleinen Kreises geschlossen, als daß sie das Risiko eingeht, die verwandtschaftlichen Bande durch Heirat mit anderen Stammesangehörigen geschwächt zu sehen. Tatsächlich erweist sich dieser Vorsatz wegen der geringen Zahl möglicher Partner häufig als undurchführbar. Warum dies auch in Dyowetomi der Fall war, lag auf der Hand. Da war zum Beispiel die verworrene Familiensituation, die sich durch die Heirat von Kaempaedes Schwestern Mima und Waeika ergeben hatte. Mima, jetzt Witwe, hatte ursprünglich zwei Ehemänner, von denen einer auch mit ihrer Schwester verheiratet war. Dieser ehelichen Verbindung entstammten nicht weniger als zwölf der 42 Personen unserer Gruppe, und diese zwölf durften untereinander nicht heiraten. Sechs von ihnen waren mittlerweile verheiratet, aber für die anderen bestand wenig Aussicht, einen Partner innerhalb der Gruppe zu finden.

Früher oder später würde es für einige der Kinder Mimas und Waeikas nur noch eine Möglichkeit geben, einen Partner zu finden. Sie bestand darin, daß ältere männliche Verwandte bei den benachbarten Waorani am Yasuni in ihrem Namen vorsprachen. Hier offenbart sich ein Dilemma, mit dem sich die Waorani immer schon konfrontiert sahen. Einerseits hat sich der Stamm stets in kleine, weit verstreut lebende Gruppen geteilt, um so die Lebensmöglichkeiten des Urwalds voll auszuschöpfen und gewalttätige Auseinandersetzungen zu vermeiden, andererseits haben sie zeitweise keine andere Wahl, als in engen Kontakt miteinander zu treten, um dadurch Heiraten zu ermöglichen.

Von Yost erfuhr ich, wie – nur wenige Monate vor unserer Ankunft – der ernste Mangel an potentiellen Ehepartnern die Cononaco-Gruppe dazu bewegt hatte, nach vier Jahren völliger Absonderung Verbindung zu den Stammesgenossen am Yasuni aufzunehmen. Die Dschungelpfade zwischen den Siedlungsgebieten der beiden Gruppen waren bereits völlig zugewachsen, noch nicht einmal der genaue Aufenthaltsort der Yasuni-Gruppe war bekannt. Erschwerend kam hinzu, daß die

Cononaco-Waorani keineswegs sicher mit einem freundlichen Empfang rechnen konnten. Dennoch machten sich fünf Männer auf den Weg zum Yasuni in der erklärten Absicht, Ehepartner für ihre heranwachsenden Kinder zu finden. Yost begleitete sie auf ihrer Reise, die bald zu einem Alptraum werden sollte, einem Marsch von 100 Kilometern durch den tiefsten Dschungel. Der sehr kärgliche Proviant bestand aus einer kleinen Portion Maniok, die man in ein großes Blatt eingewickelt hatte. Bei Tagesanbruch machten sich die Männer auf den Weg. Elf Stunden lang zogen sie durch den Dschungel, ehe sie eine Rast einlegten. Als man den Maniok auswickelte, wimmelte er von Würmern und mußte weggeworfen werden. Am nächsten Morgen, nach einer ungemütlichen Nacht im Dschungel, brach man hungrig und ausgekühlt wieder auf. Jetzt hatten sich auch die letzten Spuren des Pfades in Nichts aufgelöst. Die Männer wußten, daß sie das Gebiet der Yasuni-Gruppe erreicht haben mußten; sie stießen deshalb ihre Speere in den Boden und ließen sie zurück, um sicherzugehen, daß die Yasuni-Waorani ihre friedlichen Absichten erkennen würden.

„Gegen Nachmittag", erinnerte sich Yost, „waren wir alle mit den Kräften ziemlich am Ende. Ich konnte mich kaum noch auf den Beinen halten und bekam infolge der Erschöpfung und des Hungers Halluzinationen. Dann erspähte einer der Männer eine Fußspur. Für mich sah das Ganze eher wie ein paar eingekerbte Blätter aus. Anschließend machte ein anderer einen Blasrohr-Pfeil aus, und jedermann schloß daraus, daß die Yasuni-Gruppe hier auf Affenjagd gewesen sei und weiter flußabwärts leben müsse. Also gingen wir in diese Richtung, und bald entdeckten wir weitere Anzeichen – ein beschädigtes Blatt hier, einen abgebrochenen Zweig da. Es war eine phantastische Lektion im Spurenlesen."

Den größten Anteil daran hatten Kaempaede und sein älterer Bruder Kawaena, der für kurze Zeit erneut zur Cononaco-Gruppe stieß, nachdem er sich bereits im Protektorat niedergelassen hatte. Den beiden gelang es, durch systematische Beobachtungen dem Weg der Yasuni-Waorani durch den Dschungel zu folgen, und kurz vor Einbruch der Dämmerung hatten sie mit Hilfe aller nur denkbaren Spuren ein paar Hütten auf einem kahlen Hügelkamm ausgemacht. „Ohne Nahrung hatten wir in zwei Tagen an die 100 Kilometer zurückgelegt", sagte Yost. „Zu diesem Zeitpunkt fühlte ich mich wie gerädert. Ich hätte mich hinlegen und sterben können. Doch wenn man sich einer Ansiedlung nähert, wird man eines auf keinen Fall tun, nämlich zeigen, daß man erschöpft ist. Wer mit den Kräften am Ende ist, verrät Schwäche. Deshalb wuschen wir uns alle in einem kleinen Fluß, strichen unser Haar glatt, machten uns, ohne anzuhalten, auf das letzte Stück Weg und marschierten auf die Lichtung, als ob wir nur einen kleinen Sonntagsspaziergang hinter uns hätten.

„Normalerweise bleiben Waorani bei solchen Gelegenheiten am Rande einer Lichtung stehen, bis man sie gesehen hat und der friedliche Zweck ihres Besuchs deutlich geworden ist. Doch Kawaena fühlte sich so sicher oder war vielleicht auch nur so hungrig, daß er keine Lust verspürte zu warten. Er platzte heraus: ‚Hier sind wir. Wir wollen euch besuchen. Es ist Jahre her, seit wir euch zuletzt gesehen haben.' Dann ging er einfach in eine Hütte mit den Worten: ‚Wo ist *tepae?*' Er erklärte, ich sei erschöpft und halb verhungert. Dann nahm er die erste Schüssel, die man uns anbot, und trank sie selbst bis auf den letzten Tropfen leer!"

Selbst für Waorani-Verhältnisse war dieser Marsch ein anstrengendes und gefährliches Unterfangen gewesen. Ich bat Kaempaede, davon zu berichten, und glaubte, er werde seinen Bericht ähnlich ausschmücken wie seine Geschichten von der Wildschweinjagd. Doch zu meinem Erstaunen tat er die Reise als bloße Routine ab. Er sagte lediglich: „Wir zogen los, als es hell wurde, und gingen und gingen einen ganzen Tag und gingen und gingen auch den nächsten Tag, und als die Sonne ti-i-i-ef am Himmel stand, waren wir angekommen!" Für ihn, wie für die gesamte Cononaco-Gruppe, zählte allein, daß der Kontakt hergestellt war.

Diese Bemühungen hatten zur Folge, daß drei junge Mädchen und zwei junge Männer vom Cononaco mit Mitgliedern der Yasuni-Gruppe verheiratet wurden. Drei der fünf Paare ließen sich im Yasuni-Gebiet nieder. Es war der Auftakt zu einer neuen Phase gutnachbarschaftlicher Beziehungen zwischen den beiden Hauptgruppen der Waorani, die noch außerhalb des Protektorats lebten; und wenn es dabei blieb, so würden auch die Kinder aus diesen fünf Ehen schließlich geeignete Partner für die jungen Leute der Cononaco-Gruppe abgeben.

In all diesen Fällen wurde, einem alten Brauch folgend, die Heirat von den Eltern beschlossen, die sich dazu die Zustimmung der Großeltern und anderer Angehöriger beider Familien einholten, einschließlich die der erwachsenen Brüder und Schwestern. Die Brautleute selbst besaßen vor der Hochzeit keinerlei Mitspracherecht, ja sie erfuhren noch nicht einmal etwas von den getroffenen Vereinbarungen. Eine Hochzeit wird von den Waorani für einen Zeitpunkt geplant, zu dem sich die meisten Angehörigen einer Gruppe zu einem kleinen Fest versammelt haben. Braut und Bräutigam mögen vielleicht ahnen, was da auf sie zukommt, doch können sie ihren genauen Hochzeitstag nicht wissen, da bei den Waorani zu den Jahreszeiten, in denen man über reichlich Nahrungsmittel verfügt, sehr häufig und meistens ganz spontan kleinere Feste stattfinden. Auf jeden Fall geht es bei der Planung einer Hochzeit darum, die Brautleute damit zu überraschen.

Eine sorgfältige Regie bestimmt den Ablauf des Ereignisses. An einem bestimmten Punkt des Festes wird der Bräutigam an die Spitze einer Reihe von Männern gelotst, wobei jeder seine Hände auf die Schultern des Vordermannes legt. Stampfend und singend ziehen die Tänzer von Hütte zu Hütte und betreten schließlich die Hütte, in der die Braut mit anderen Frauen sitzt. Ehe sie überhaupt merken, was mit ihnen geschieht, werden Braut und Bräutigam zusammen in eine Hängematte gedrängt. Sie werden sich gegenseitig in die Arme gelegt, und man gibt ihnen *tepae,* das sie nun einander anbieten. In der Zwischenzeit stimmt die Menge ein Hochzeitslied an. In bemerkenswert gefühlsbetonter Symbolik erinnert das Lied die Brautleute an ihre gegenseitigen Verpflichtungen:

Ihr werdet zusammen entfliegen wie ein Paar blau-goldener Aras,
Voller Verlangen nach seinem Ara nimmt er sie und fliegt weg.
Wie einen Schatz nimmt er sie, seine Braut.
Wie wenn er die Schönheit des blau-goldenen Aras betrachtet,
So sieht er sie an.
Wenn es regnet, wird er ihr Nahrung bringen, und sie wird essen.
Nach „tepae" dürstend, wird er aus dem Wald zurückkehren,
Und sein blau-goldener Ara wird ihm zu trinken reichen.
Nimm deinen blau-goldenen Ara zu einem sanften, schönen Ort
Und setze sie nieder.
Dort werdet ihr beide in Frieden leben.

Bisweilen wird ein älterer Verwandter das Paar eingehender über seine Pflichten belehren; danach wird die ganze Nacht hindurch gesungen und getanzt, während das Hochzeitspaar, meist benommen von den Ereignissen, dabei regungslos zuschaut. Gewöhnlich leben Mann und Frau bis zur Geburt des ersten Kindes entweder bei seinen oder bei ihren Eltern. Erst dann beschließt man vielleicht, eine eigene Hütte zu bauen. Hochzeitszeremonien bei den Waorani verlaufen jedoch nicht immer problemlos. Es kann durchaus zu Streitereien und Spannungen kommen; manchmal gibt es Ärger mit Brüdern, die sich bei der Heiratsplanung übergangen fühlen, oder Eltern führen Klage, weil sie die Braut oder den Bräutigam für eines ihrer Kinder auserkoren hatten. Bei solchen Anlässen kann es schon einmal vorkommen, daß Waorani in hitzige Auseinandersetzungen geraten. Gelegentlich versucht man, einen enttäuschten Verwandten mit Geschenken abzufinden oder ihn mit der Aussicht auf eine andere Partie für sein Kind zu trösten. Es ist sogar schon vorgekommen, wenn auch äußerst selten, daß Hochzeitsfeierlichkeiten abgesagt wurden, weil eine Versöhnung zwischen den zerstrittenen Parteien nicht zustande kam.

Im allgemeinen bringt es aber der Mangel an anderen Partnern mit sich, daß eine Hochzeit wie geplant stattfindet. Es soll jedoch schon vorgekommen sein, daß eine angehende Braut oder auch ein angehender Bräutigam sich mit einem anderen als dem vorgesehenen Partner aus dem Staub gemacht haben. Yost hat einen Fall miterlebt, in dem ein Mädchen sich standhaft weigerte, die Ehe zu vollziehen, zu der sie gezwungen worden war. Eine Woche lang hielt sie es durch, nicht in derselben Hängematte wie ihr Mann zu schlafen, und sie bereitete ihm auch kein *tepae*. Ihr Mann sah sich das alles schmollend mit an, zeigte jedoch kein Anzeichen von aggressivem Verhalten. Zur Freude einer Reihe junger Leute, die neugierig das Geschehen in der Hütte des unfreiwilligen Paares verfolgte, versuchte die Mutter des Mädchens eines Tages, ihre Tochter zur Annahme der Heirat zu zwingen. „Wie soll der Name meines Mannes weiterleben, wenn ihr beide nicht zusammenkommt?" hörte man sie rufen. „Du gehst in diese Hängematte, und zwar sofort!" Die Tochter aber weigerte sich immer noch. Wenige Tage später zog der Ehemann wütend ab, und bald schon war die Angelegenheit in Vergessenheit geraten.

Wenn eine Ehe bei den Waorani einmal vollzogen ist, steht es dem Mann frei, sexuelle Beziehungen zur Schwester seiner Frau zu unterhalten. Ebenso kann auch die Frau eine Beziehung zum Bruder ihres Mannes haben, besonders wenn er Junggeselle oder von weither zu Besuch gekommen ist. Bei solchen Gepflogenheiten macht man keine Unterschiede zwischen den Kindern, die sie mit ihrem Mann und denen, die sie mit seinen Brüdern hat.

Ebenso wie die Hochzeit ist auch eine Geburt frei von Geheimnissen, von besonderen Riten oder aufwendigen Vorbereitungen. Die Frauen gehen ihren häuslichen Arbeiten nach, bis die Geburtswehen einsetzen, und oft sieht man sie am Tag nach der Geburt bereits wieder bei der Feldarbeit. Zur eigentlichen Geburt setzt sich die Mutter gewöhnlich quer auf eine Hängematte, unmittelbar über eine Öffnung, die man in der Mitte geschaffen hat; das Baby kann durch die Öffnung auf eine Schicht sauberer Bananenblätter gleiten, mit denen man den Lehmboden der Hütte ausgelegt hat. Einige Zentimeter hinter dem Kopf der Frau wird um zwei Querstangen unter dem Dach eine kräftige Schlingpflanze gebunden, an der sich die Frau festhalten kann. Meist wohnt auch die Mutter dem Geschehen bei, massiert ihrer Tochter Bauch und Rücken und fungiert allgemein als Hebamme. Die anderen Mitglieder des Haushaltes stehen im Kreis herum und geizen nicht mit Kommentaren. Einmal hörte Yost zum Beispiel eine Frau sagen: „Das erinnert mich an Menyimos Geburtswehen. Und ihr Kind starb!"

Nach der Geburt bindet die Großmutter die Nabelschnur ab, wäscht das Kind und legt es der Mutter in den Arm. Handelt es sich um ein Mädchen, so gibt die Großmutter ihm seinen Namen, ein Junge dagegen erhält den Namen von seinem Großvater. Wenn die Großeltern beider Seiten nicht mehr leben, übernimmt ein anderer älterer Verwandter den Akt der Namensgebung. Auf jeden Fall wird man Namen aus der Generation der Großeltern wählen. Innerhalb einer Familie hält man sich aber nicht an festgelegte Namen. Die Mehrzahl der Kinder erhält jedoch zwei, manchmal drei Namen, und die Waorani verwenden mal diesen, mal jenen Namen, auch in der Kurzform, so daß es einigermaßen schwierig ist, eine Genealogie zu erstellen.

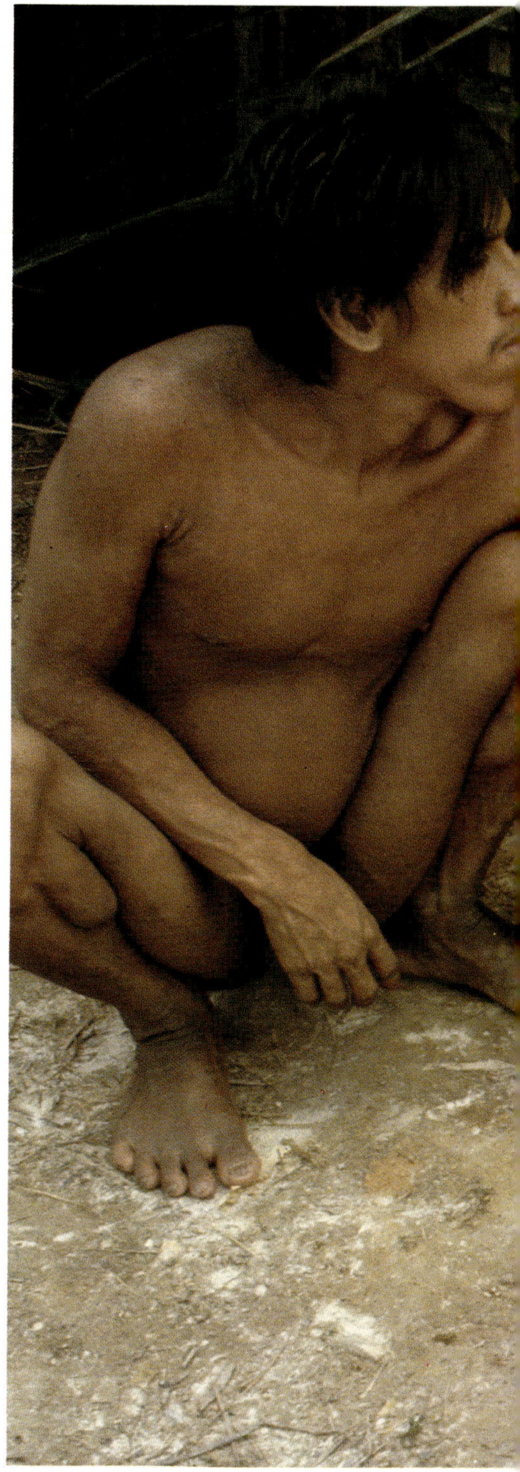

Ein Mann und seine zwei Frauen lassen sich gegenseitig die notwendige Körperpflege angedeihen. Die drei sind häufig zusammen, doch im Innern der Hütte hat jede Frau ihr eigenes Feuer, an dem sie kocht.

In der Hoffnung auf eine ausführliche Beschreibung einer typischen Geburt fragte ich Menyimo eines Tages nach ihrem ersten Kind. Die Antwort war enttäuschend. „E-h-h?" sagte sie, als ob sie noch nie eine derart ausgefallene Frage gehört hatte. Dann meinte sie nur, verlegen lächelnd: „Es tat weh, und das Kind war geboren." Ihr Mann, Kaempaede, war mitteilsamer. Er erzählte, daß sie das Kind nicht in einer Hängematte, sondern draußen auf der Lichtung vor ihrer Hütte hockend zur Welt gebracht hatte. „Meine erste Frau schnitt die Nabelschnur ab, und da sonst niemand anwesend war – keine Großmutter, die dem Mädchen den Namen hätte geben können –, benannte mein Vater es nach seiner ersten Frau."

Diese gleichmütige Einstellung zur Geburt eines Kindes, wie sie mir vermittelt wurde, hängt vielleicht mit der Erinnerung an die Zeiten zusammen, als das Leben im Regenwald noch mit größeren Gefahren verbunden war. Aber die Kühle, welche die Waorani-Eltern dabei an den Tag legen, hat viel drastischere Folgen als die tatsächliche oder vorgespielte Vergeßlichkeit einer Mutter gegenüber den Einzelheiten einer Geburt. Sie kann in einigen Fällen sogar bis zur Kindestötung gehen. Eine von Yost durchgeführte Untersuchung legt die Vermutung nahe, daß über die letzten fünf Generationen fünf Prozent aller Todesfälle bei den Waorani auf Kindestötung zurückzuführen sind.

Zum Teil handelte es sich dabei um mißgestaltete Kinder, die man tötete, weil man für sie in der Gemeinschaft keinen Platz sah; zum andern tötete man unerwünschte Kinder, wenn die Lebensbedingungen der Familie ohnehin schon äußerst schlecht waren. Manche Informanten deuteten auch an, daß Mütter ihre schreienden Kinder erwürgten, wenn sie sich aus Furcht vor Überfällen im Dschungel zu verbergen suchten. Ebenso gab es Väter, die nach dem Tod eines Sohnes ihre Töchter mit dem Speer töteten und dies mit den Worten begründeten: „Warum sollte sie leben, wenn mein Sohn tot ist?"

Über einen amerikanischen Lehrer, der 1978 Zeuge einer Geburt bei den Waorani wurde, kam Yost einiges zu Ohren, was solche Geschichten durchaus realistisch erscheinen läßt. Nach Aussage des Lehrers handelte es sich bei dem Neugeborenen um ein Mädchen, dessen zwölfjähriger Bruder in Wut geriet, da er immer noch der einzige Junge unter lauter Mädchen war. „Begrabt es!" wiederholte er immer wieder aufs neue. „Ich bin der einzige Junge, das ist wieder ein Mädchen! Begrabt es!" Einen Moment lang schien es, daß die Mutter seinem Wunsch nachkommen wollte. Es entstand eine Pause. Niemand versuchte, den Jungen zur Vernunft zu bringen. Dann hob jemand das Kind auf, die heikle Situation war ausgestanden, und das Mädchen blieb am Leben.

In welchem Ausmaß, wenn überhaupt, mag es Kindestötung noch geben? Ich fragte die zwei ältesten Frauen unserer Gruppe, ob sie Kinder getötet hätten, was sie verneinten – doch beide behaupteten, jemanden zu kennen, der dies getan habe. Menyimo reagierte auf meine Frage sehr erschrocken: „Ich habe das nie getan! Ich habe sie alle am Leben gelassen. Alle hier in dieser Hütte, wir begraben unsere Kinder nicht! Doch Kamemo, die am Yasuni lebt, hat *so* viele begraben!" Sie hob beide Hände, um die Zahl zehn anzuzeigen. „Sie wollten Jungen, aber sie bekamen immer nur Mädchen und begruben sie. Ich sage, wenn man Mädchen begräbt, wer soll Maniok pflanzen? Und Omamo, sie hat fünf begraben."

„Warum?"

„Warum *könnte* sie die Kinder begraben haben? Ohne Grund, einfach so ... Aber ich trage Kinder gern herum. Nie würde ich eins von meinen begraben."

Nun traf es sich, daß Omamo Mengas Frau war und kaum mehr als drei Kilometer entfernt von der Hütte lebte, wo wir uns aufhielten. Diese vermeintlichen Kindestötungen ließen sich also überprüfen. Yost und ich begaben uns mit Menyimos elfjähriger Tochter Aewa zu Mengas Hütte. Wir trafen Menga in seiner

Hängematte liegend an, und er erzählte auf unsere Fragen, daß seine Frau in der Tat Kinder begraben hatte, allerdings nur zwei, nicht fünf. Beide seien eines natürlichen Todes gestorben: Eines war tot geboren worden, das andere hatte sich eine Krankheit zugezogen. „Aber Menyimo“, so schloß er, „hat eines nur deshalb getötet, weil die Nabelschnur einfach nicht aufhören wollte zu bluten.“ Aewa bestätigte, was er sagte.

Menyimo war diese Episode offensichtlich entfallen. Ich vermutete, daß das Kind gestorben und dann begraben worden war oder daß Menyimo es lebend begraben hatte, da es durch den Blutverlust ohnehin gestorben wäre. Menyimos Beschuldigung und Mengas Gegenbeschuldigung, für die es jeweils eine natürliche Erklärung gab, deuteten darauf hin, daß die Zahlenangaben bei Kindesmord entschieden zu hoch gegriffen waren.

Solange ich bei den Waorani lebte, zeigten die Eltern in nicht zu übersehender Weise ihre Sorge um die Kinder. Ich konnte mir deshalb kaum vorstellen, daß sie ein Kind ohne zwingenden Grund töten würden. Babys wurden mit großer Liebe gehegt und gepflegt, und nie sah ich, daß man ältere Kinder bestrafte. Dennoch gab es Disziplin, die mehr auf Vorbild als auf direkter Unterweisung beruhte und die den heranwachsenden Kindern half, einen gesunden Mittelweg zwischen Selbstbehauptungswillen und Toleranz zu finden.

Dies soll nicht heißen, daß die Kinder der Waorani reine Engel sind. Als Kleinkinder können sie, wie überall in der Welt, bisweilen sehr garstig sein. Dabei denke ich besonders an den kleinen dreijährigen Oma, der die unangenehme Angewohnheit hatte, andere Kinder mit der Nahrung, die er zu sich nahm, anzuspucken. Dann war da noch Giwa, Mimas zwölfjährige Tochter, die eines Tages einen hysterischen Anfall bekam, als sie nach einer allzu wilden Schlammschlacht über und über von Schmutz bedeckt war. Sie fühlte sich beleidigt und schrie derart lange und laut, daß ich glaubte, sie sei von einer Schlange gebissen worden. Doch schnell fand Mima heraus, daß ihrer Tochter nichts Ernsthaftes passiert war, und daraufhin nahm sie von ihrem Wutanfall keine Notiz mehr. Nicht weniger als eine halbe Stunde mühte sich Giwa vergeblich ab, durch ihr Geschrei Aufmerksamkeit zu erregen. Dann verebbte ihr Schreien zu Seufzern, aus den Seufzern wurde ein Schluchzen, und schließlich machte sie ihrem leicht durchschaubaren Temperamentsausbruch ein Ende.

Ohne Zweifel würde Giwa in ein oder zwei Jahren die gleiche Selbstbeherrschung zeigen wie alle anderen jugendlichen Waorani am Cononaco und in Dyowetomi. Selbst der vierzehnjährige Kome, ein Junge, der oft launisch und auch mürrisch wirkte, schien im Grunde sehr ausgeglichen zu sein. Ich kann nicht vergessen, wie Oma einmal alles daransetzte, ihn zu ärgern. Er spuckte mit Essen nach ihm, Kome grinste. Wieder spuckte Oma, Kome lachte. Oma versuchte es noch einmal, und sein älterer Vetter sprang auf, jagte ihn im Spaß um die Hütte herum und machte so ein fröhliches Spiel aus der Sache. Mit 14 Jahren – alt genug zum Heiraten – war Kome bereits auf dem besten Wege, ein verantwortungsvolles und hilfsbereites Mitglied seiner Gruppe zu werden. So trat die junge Generation in die Fußstapfen der älteren.

Eine Kindheit voll Geborgenheit

Inmitten der Bedrohungen und Gefahren des Regenwaldes wachsen die Kinder der Waorani wohlbehütet im Schoße einer großen, eng zusammengehörenden Familie auf. In jeder der schattigen Hütten drängen sich zwei oder drei Einzelfamilien mit ihren Haustieren, und so findet sich stets jemand, der sich den Kindern zuwendet.

Kleine Kinder brauchen die Nähe der Mutterbrust kaum zu missen. Während des Tages werden sie von der Mutter in einer über die Schulter gelegten Schlinge getragen, und nachts schlafen sie mit ihr in einer Hängematte. Wenn einmal eine Tante für die Mutter einspringen muß, wird sie die Kinder wie ihre eigenen behandeln.

Je älter die Kinder werden, desto stärker lösen sie sich von der Mutter und knüpfen neue Beziehungen an. Bis zum Alter von acht oder neun Jahren teilen sie sich zu zweit

Ein Dreijähriger liegt an der Brust seiner Mutter – aus Wohlbehagen, nicht um seinen Hunger zu stillen. Wie die Erwachsenen ißt er bereits Fleisch, Maniok

oder zu dritt eine Hängematte. Sie folgen den Frauen bei der Hausarbeit auf Schritt und Tritt und werden dabei niemals als störend empfunden. Sie können sich auch im Kreise der Männer aufhalten, die in ihren Hängematten liegen, wenn sie gerade nicht auf der Jagd sind, und Pfeile schnitzen oder Geschichten erzählen.

Die Wärme und Sicherheit des vertrauten Familienkreises ermöglichen den Kindern ein allmähliches Hineinwachsen in die Welt des Regenwaldes. Kinder unter sechs Jahren wagen sich kaum von ihrer Hütte weg; vielleicht entfernen sie sich einmal kurz von den Erwachsenen, doch nie wagen sie sich allein tiefer in das Innere des Urwalds vor. Ältere Kinder entwickeln schon mehr Unternehmungsgeist und erzählen nach ihrer Rückkehr in die Hütte im Kreis der Familie von ihren Abenteuern.

und Chonta-Früchte, wie sie unter der Hängematte seiner Mutter liegen. Die Frauen stillen die Kinder gewöhnlich bis zum Alter von vier Jahren.

Unter den Blicken ihres Mannes spielt eine Mutter mit ihrem Sohn, dem sie ein Haus aus Holzstangen baut. Die Kinder kennen keine Spiele mit festen Regeln, oft ahmen sie im Spiel die Tätigkeit der Erwachsenen nach.

Ein Junge sieht seinem Vater zu, wie dieser Pfeile für sein Blasrohr schnitzt. In handwerklichen Dingen werden die Kinder nicht unterrichtet, vielmehr läßt man sie zusehen und dann eigene Versuche unternehmen.

Kome, ein 14 Jahre alter elternloser Junge, liegt plaudernd mit einem älteren Freund in seiner Hängematte. Die Waorani kennen keine Scheu vor körperlicher Berührung; man lebt von frühester Kindheit an auf engstem Raum in Großfamilien zusammen, und die meisten Waorani sind ohnehin miteinander verwandt.

Fünf | Die Zeit des Überflusses

Kaum in Dyowetomi eingetroffen, schlug uns die Erntezeit der Chonta-Früchte, eine Zeit des Überflusses und freudig-gelöster Stimmung, in ihren Bann. Es war Anfang Januar, und für die Waorani begann der angenehmste Teil des Jahres: drei Monate, in deren Verlauf die reiche Ernte von den Chonta-Bäumen die Waorani aller Sorgen um Nahrung enthebt, was eine endlose Folge ausgedehnter Festlichkeiten nach sich zieht. Was sonst noch zu tun war – die Felder instand halten, Vögel und Affen jagen, Hängematten herstellen –, erledigte man ohne jegliche Hektik. Nun, da man im Überfluß leben konnte, zeigte sich ein jeder frei von Sorgen, und zusammen vertrieb man sich trinkend, tanzend und singend die Zeit; unter Plaudern und Geschichtenerzählen lebte man in den Tag hinein.

Als wir uns in Kaempaedes Hütte einrichteten, ließ sich überall um uns herum geradezu mit Händen greifen, daß Erntezeit herrschte. Auf der Erde türmten sich, rot und gelb leuchtend, reife Chonta-Früchte; weitere hingen, Seite an Seite mit noch grünen Bananen, in Büscheln von den Balken herunter, und auf jeder der vier Feuerstellen kochte ein riesiges Gefäß voll Chonta. Auf dem Boden hockend, schälten Menyimo und drei andere Frauen mit Zähnen und Fingernägeln frisch gekochte Früchte, die sie dann mit ihren Händen zu einem dickflüssigen, gelben Brei zerdrückten. Jim Yost wies erläuternd darauf hin, daß man dabei sei, ein für den nächsten Tag angesetztes Fest vorzubereiten. Während dieser gesamten Periode bewirteten sich die sieben Familien in Dyowetomi in ständigem Wechsel. In diesem Fall oblag Kaempaede und Menyimo die Durchführung des für den kommenden Tag geplanten Festes.

Von ihrem Äußeren her sahen die frisch gekochten Chonta-Früchte reifen und saftigen Pfirsichen verlockend ähnlich. In Festigkeit und Geschmack unterschieden sich sich allerdings beträchtlich von diesen, wie sich beim ersten Probieren zeigte. Ungekocht waren die Chonta-Früchte fast so hart wie Nüsse, und selbst jetzt schienen sie noch so fest wie reife Äpfel; außerdem schmeckten sie sehr trocken, mit einem ausgeprägt würzigen Beigeschmack. Wie, so fragte ich mich, konnten die Waorani jedes Jahr drei Monate lang allein von einer so kargen Nahrung leben? Die Antwort erhielt ich wenig später, als sich Männer, Frauen und Kinder nach und nach zu einem Fest in der Hütte einfanden. Mima, einer Witwe, kam an diesem Tag die Rolle der Gastgeberin zu. Sogleich begann sie, Getränke für ihre Gäste anzurichten, indem sie Wasser mit jeweils einer Handvoll Chonta mischte; insgesamt hatte sie am Vortag etwa 40 Pfund Chonta-Brei zubereitet und diesen dann über Nacht gären lassen. Kaempaede, ihr Bruder, spielte den Gastgeber, nahm eine Kürbishälfte, die sie gefüllt hatte, und reichte mir die Schale. Zu meiner Überraschung schmeckte diese Chonta mild, zart und sahnig; sie war dickflüssig wie Tomatensuppe und erinnerte im Geschmack entfernt an Linsen.

Binnen kurzer Zeit bevölkerten 28 Männer, Frauen und Kinder Kaempaedes Hütte, dazu kamen außer mir selbst noch Jim Yost und John Wright. Fremde waren

nicht anwesend – nur die Bewohner der beiden auf dem Hügelkamm gelegenen Hütten –, und doch spürte ich, wie sich hier ein nicht alltägliches Ereignis anbahnte. Manche Waorani hatten sich offenkundig mit großer Sorgfalt geschmückt. Die Gesichter der meisten Kinder zierten Flecken oder Streifen eines roten Farbstoffes, den man aus Speichel und den kleinen roten Samen der Achiote-Frucht zusammenmischte; und Nyama ebenso wie Kome, die vierzehnjährige Waise, trugen als Stirnbänder Gebinde aus getrockneter Palmfaser, die sie mit roten Tukanfedern und weißen Federn der Harpyie, eines großen Adlers, verziert hatten. Als wir ausgetrunken hatten, kamen sie aus ihrer Hängematte zu uns herüber und überreichten uns weiße, aus den Brustfedern von Hokkos geflochtene Stirnbänder. Dazu boten sie uns Armbänder an, sehr straffe kleine Bänder aus Baumwolle und Raffia-Bast, die sich fest um den Arm schlossen und in die man weitere Federn stecken konnte.

Wir streiften sie über und sahen zu, wie sich jedermann lachend und plaudernd in der Hütte umherbewegte. Wenig später schienen alle von einem unwiderstehlichen Drang nach Bewegung befallen zu sein; ein Tanz begann. Es formierte sich eine lange Reihe von Männern und Jungen, wobei jeder die Hände auf die Schulter der Person vor ihm legte. Mit winzigen Schritten bewegten sie sich quer durch die Hütte, stießen schrille „Ooooo!"-Schreie aus und wurden wie ein anfahrender Geisterzug immer schneller. An der gegenüberliegenden Wand angelangt, vollführten sie unter „Ow-ow-ow!"-Rufen eine Reihe von Sprüngen, ehe sie sich umwandten und den ursprünglichen Tanz wieder aufnahmen.

Diesem einfachen Tanz schlossen auch wir uns an. Vor und zurück bewegten wir uns innerhalb und außerhalb der Hütte, bis die Stimmung sich wandelte und der Tanz in rituelle Bittgesänge für Getränke überging. Die Tänzer sammelten sich um Mima und brachten ihr Anliegen in einem lauten, beharrlichen, aus zwei Noten bestehenden Gesang vor. Nach zwei oder drei Minuten beendete jemand diesen Singsang mit einem Jodelruf, der den Höhepunkt bildete und ebenso einen Ausdruck von Zufriedenheit darstellte. Sogleich schickte sich Mima an, ihre Schüsseln mit Chonta-*tepae* zu füllen.

Das Singen und Tanzen nahm kein Ende. Es wurde Nacht. Die Frauen schürten ihre Feuer. Die Hütte war von gewaltigem Lärm erfüllt; und neben all den Menschen, die da redeten und schrien, neben den Affen und Papageien des Haushaltes hörte man auch lautes und ungeniertes Rülpsen, was bei den Waorani keineswegs als unhöflich gilt. Den gesamten Abend über erfüllten Gastgeber und Gastgeberin ihre besonderen Pflichten. Mima bereitete *tepae* und füllte die Schalen; Kaempaede reichte sie den Gästen. Stets trug er die Schalen zu ihnen hin – niemand brauchte sie sich von ihm zu holen. So verlangt es der Brauch, ein genau befolgter Brauch in dieser Gesellschaft mit ihren sonst sehr lockeren Umgangsformen. Hatte ein Gast ausgetrunken, so forderte es der Brauch weiter, daß er seine

Schale dem Gastgeber hinhielt, damit dieser sie wegnehmen konnte. Wer sofort neues *tepae* möchte, verlangt laut und mit gebieterischer Stimme danach, und der Gastgeber wird seinem Begehren sogleich nachkommen.

Gegen acht Uhr abends hatte man den Chonta-Brei verzehrt, und die Feier nahm ein Ende. Nach meinen Schätzungen hatten die 28 Waorani, mit nur wenig Beistand von uns dreien, in drei Stunden etwa 55 Liter *tepae* getrunken. Jetzt war mir auch erklärlich, woher ihre festen, kleinen Bäuche stammten. Im übrigen stellte dies nur ein bescheidenes Fest zu Beginn der Chonta-Zeit dar. Während der gesamten Dauer unseres Besuches luden die Familien sich untereinander und auch uns zu Festen ein, welche die ganze Nacht über währten und bei denen unglaublich viel getrunken wurde. Yost hat beobachtet, daß Männer bei solchen Gelegenheiten bis zu etwa 30 Litern tranken.

Am Tage nach dem Zusammensein bei Mima schlossen wir uns einer Gruppe von einem Dutzend Erwachsenen und Kindern an, die loszogen, um Chonta-Früchte zu sammeln. Eine kurze Strecke folgten wir einem Dschungelpfad bis zu einer Reihe von ausgewachsenen Bäumen, die zwischen anderen, noch jüngeren Bäumen hochragten. Die Früchte baumelten in großen roten Büscheln knapp 20 Meter über uns; sie wuchsen an kräftigen Stielen, die direkt den Baumstämmen mit ihren furchterregenden, nach unten gerichteten Stacheln entsprangen. Um diese Früchte von den Wipfeln benachbarter, mit glatter Rinde versehenen Bäumen aus pflücken zu können, begannen Nyama und zwei andere Kinder, Kletterringe zu flechten und knapp fünf Meter lange Stöcke zurechtzuschneiden.

Unterdessen erklärte Jim, daß ein frisch gepflanzter Chonta-Baum erst nach vier bis acht Jahren Früchte trägt; danach liefert er jedoch wenigstens zwei Jahrzehnte lang alljährlich eine beachtliche Ernte. Das Gebiet um Dyowetomi, fügte er hinzu, sei außergewöhnlich reich an fruchttragenden Chonta-Bäumen, da Kaempaedes Gruppe hier seit wenigstens drei Generationen ständig neue Ansiedlungen errichtet habe und auf den nicht mehr benutzten Lichtungen Chonta angepflanzt

Drei Amazonen verspeisen genüßlich eine Portion ungekochter Chonta-Früchte. Die pfirsichähnliche Chonta (unten) ist roh ungenießbar, doch die Waorani kochen die Frucht und zerstoßen sie dann zu einem Getränk.

worden sei. Bisweilen fand man Bäume, die innerhalb einer verlassenen Hütte angepflanzt waren, so daß sie genügend Sonnenlicht erhielten, ohne von anderem Pflanzenwuchs behindert zu werden.

Ein solcher Standort für einen Chonta-Baum besaß außerdem den Vorteil, daß die Besitzansprüche ein für allemal geklärt waren, denn jedermann erinnerte sich, wer früher in dieser Hütte gelebt hatte. Dies spielte eine große Rolle, da über Generationen hinweg der Baumbestand im Besitz einer Familie blieb und Chonta-Bäume ebenso wie Felder als individuelles Eigentum galten. Die Bäume, die an diesem Tag abgeerntet wurden, gehörten Nyama, der sich jedoch als recht freigebig erwies. Man war so reichlich mit Chonta versorgt – mit mehr, als unsere Waorani-Gruppe überhaupt verzehren konnte –, daß Nyama einen Großteil der Ernte weggeben wollte. Die meisten Früchte würden ohnehin bei gemeinsamen Feiern der Gruppe verspeist werden.

Kome zog sich als erster an dem glatten Stamm eines Baumes hoch, der dicht neben einem Chonta-Baum stand. Als ich ihn beim Klettern beobachtete, fiel mir auf, daß dieser Baum eigene Früchte trug, die in großen schwarzen Büscheln wuchsen. Sie sahen Trauben sehr ähnlich, doch als Kome mir einige herunterreichte, fand ich die Stiele fester und die Haut dicker; anstelle von kleinen Kernen fanden sich große Steine. Ich probierte einige dieser Früchte; sie schmeckten tatsächlich genau wie Trauben und bestätigten so meinen ersten Eindruck. Häufig pflanzten die Waorani ganz absichtlich einen Traubenbaum neben einen Chonta-Baum, so daß sie zwei Bäume zur gleichen Zeit abernten konnten: Während sie die Chonta-Früchte pflückten, verzehrten sie die Trauben als Leckerbissen.

Mittlerweile hatte der Junge beinahe die Baumkrone erreicht. Mit laut vernehmlichem Ächzen langte er weit hinüber, um mit seinem Stock eines der Chonta-Büschel zu erreichen. Als ihm das gelungen war, begann er, an dem Stiel zu rütteln. Nach ein paar Sekunden löste sich das Büschel vom Stamm, doch Kome konnte es noch an seinem Stock halten; und mit Triumphgeschrei ließ er es wie ein riesiges Pendel nach unten schwingen, wo ein jüngerer Waorani sich am Stamm des Baumes festklammerte. Sein Helfer nahm die Chonta-Früchte ab, glitt den Stamm hinunter und legte sie auf den Boden.

Das Büschel mochte an die 20 Pfund wiegen, und noch einige andere von der gleichen Größe befanden sich in Reichweite von Komes Stock. Mir wurde bewußt, daß ein Waorani mit einer jährlichen Ernte von bis zu 120 Pfund Chonta rechnen konnte, wenn er nur einen Chonta-Baum neben einen traubentragenden Baum pflanzte – ein geringer Arbeitsaufwand. Etwa ein Dutzend Bäume reichten aus, einen großen Haushalt für ein Vierteljahr zu versorgen.

Eine halbe Stunde lang blieben Nyama und seine kleinen Helfer bei der Arbeit; nur ab und an legten sie eine Pause ein, um sich gemeinsam an den Trauben gütlich zu tun. Nicht selten rutschte jemandem ein Chonta-Büschel vom Stock und fiel mit lautem Getöse auf den Dschungelboden, wo die harten Früchte unter den spöttischen Kommentaren der Zuschauer in alle Richtungen kullerten. Nachdem sie drei Bäume abgeerntet hatten, meinten Nyama und seine Frau Kopae, daß für das nächste Fest vorgesorgt sei. Man sammelte die Büschel auf, packte einzelne Früchte in Netze aus Raffia-Bast und begab sich auf den Heimweg.

An diesem Abend gab es erneut Chonta-*tepae,* diesmal auf Einladung Menyimos, und wieder sang und tanzte man dazu. Während der Nacht kam Regen auf. Prasselnd fielen die Regentropfen auf das Palmblätterdach, und in bunter Reihe zogen wir durch Kaempaedes Hütte, wobei wir immer wieder eine bestimmte Formel wiederholten, die wie eine Beschwörung klang. Auch Yost wußte nicht, was sie eigentlich bedeutete. Wieder stießen die Tanzenden Laute wie „Ooo" beim Laufen und „Ow-ow-ow" beim Springen aus, dann wurde getrunken, danach aufs

neue getanzt. Nur einmal gab es eine Unterbrechung, als man einen riesigen Wurm entdeckte, der, Schutz vor dem Regen suchend, sich langsam in die Hütte schlängelte. Das Tier war völlig harmlos, doch die Waorani reagierten genauso wie ich mit Zeichen des Abscheus. Kome nahm den Wurm mit einem Stock auf und beförderte ihn aus dem Haus. Dann nahm die Feier ihren Fortgang. Bei einem Tanz mußte die Hütte 124mal in Längsrichtung durchmessen werden, und in der feuchtwarmen Nacht verlor ich, von den endlosen Wiederholungen überwältigt, schließlich jegliches Zeitgefühl.

Später ließ man sich für die verbleibenden Stunden der Nacht in den Hängematten nieder, und zwei Frauen teilten kleine Portionen Katzenwels aus, den sie tags zuvor gefangen hatten. Es war nun weniger laut; das Geschrei, das Lachen, das Jodeln und Singen wurden leiser, und bald hörte man nichts außer dem Atmen der Schlafenden und gelegentlichem Schnarchen. „Das versteht man unter Blutsverwandtschaft", meinte Yost. „Der Schweiß, die Hitze, die Berührungen, das Teilen der Nahrung – dies alles in seiner Gesamtheit bedeutet, sich gegenseitig bedingungslos zu akzeptieren."

Bei aller Wärme und Sicherheit, die man in Dyowetomi spürte, ließ mich der Gedanke an einen damit im Widerstreit stehenden Zug der Waorani nicht los. Sie gehörten einem Stamm an, dessen Gewalttätigkeit ihnen den Namen Aucas, Wilde, eingetragen hatte. Ich hielt nach Anzeichen Ausschau, die diesen Ruf hätten bestätigen können, doch vergebens. Was ich von der Vergangenheit der Waorani wußte, ließ sich mit der natürlichen Herzlichkeit um mich herum überhaupt nicht in Einklang bringen.

Die traditionelle Abneigung der Waorani gegenüber Fremden ließ sich durch Mißverständnisse erklären. Über Generationen hinweg hatten sie tatsächlich alle Fremden für Kannibalen gehalten und sie gelegentlich rein instinktiv, aus einem Selbsterhaltungstrieb heraus angegriffen. Ich konnte auch verstehen, wie es zu den Gewaltausbrüchen zwischen einzelnen Gruppen gekommen war, wenn sie jede für sich den Dschungel durchstreiften, argwöhnisch ihre eigenen Ansiedlungen bewachend und mißtrauisch jeder anderen Stammesgruppe gegenüber, mit der sie nicht auf besonders gutem Fuße standen. Was mir aber nicht einleuchtete, war das Ausmaß an Gewalt zwischen Gruppen, die eng durch Heiraten verknüpft waren und oft lange Zeit friedlich nebeneinander gelebt hatten. Selbst meine anscheinend so friedfertigen Freunde in Dyowetomi wußten so manche Geschichte von Freunden oder Verwandten zu erzählen, die von Angehörigen ihrer Gruppe umgebracht worden waren. Hier hatte es sich stets um Rachemorde gehandelt, die oft mit sehr weit zurückliegenden Streitigkeiten zusammenhingen.

Eines Morgens, während gerade die Vorbereitungen für ein abendliches Chonta-Fest in vollem Gange waren, sprach ich Yost auf dieses Thema an. War das Prinzip der Blutrache nie aufgegeben worden? Eigentlich nicht, lautete seine Antwort. Man sei sehr nachtragend, und Rachegelüste würden möglicherweise nachlassen, nie aber völlig aufgegeben werden; sie seien vielleicht eine Zeitlang verdeckt, könnten aber jederzeit zum Durchbruch kommen. Wodurch? Offensichtlich flackerten solche Leidenschaften wieder auf, wenn zwei Familien oder zwei Bewerber wegen einer Heirat in Streit gerieten. Doch sei dies in der Vergangenheit nicht die Hauptursache für gewalttätige Auseinandersetzungen gewesen. Bis vor kurzem, als eine etwas aufgeklärtere Periode einsetzte, seien die meisten Rachemorde völlig irrational im Zusammenhang mit unerwarteten Krankheiten, Verletzungen oder Todesfällen begangen worden.

Bevor die Missionare gegen Ende der fünfziger Jahre ihre Tätigkeit aufnahmen, lebten die Waorani in dem festen Glauben, daß Unglücksfälle nicht auf Zufall

Zur Vorbereitung des abendlichen Festes gehört es auch, daß eine Frau letzte Hand an die Körperbemalung ihrer Kinder legt. Der schwarze Farbstoff, den man aus einer Mischung von Holzkohle und dem Saft der Genipa-Frucht herstellt, hält zwei Wochen.

beruhten, sondern dem Einfluß böser Geister, den sogenannten *wenae*, zuzuschreiben seien. Diese *wenae* lebten im Himmel und kamen in verschiedenster Gestalt auf die Erde, wenn ihnen dies ein Mensch gebot, der sich im Besitz übernatürlicher Kräfte befand. Jeden, dem solche Kräfte nachgesagt wurden, bezeichnete man als *ido*, was in der Sprache der Waorani soviel wie Hexe oder Dämon bedeutet; angeblich dienten ihm seine magischen Kräfte dazu, die bösen Geister zu bewegen, seinen Feinden Schaden zuzufügen, etwa Krankheit, Schlangenbiß, Angriff durch einen Jaguar, Verletzung oder sogar den Tod.

Einer alten Überlieferung zufolge konnte man sich diese Kräfte verschaffen, indem man die weichgekochten Blätter der *ayahuasca* trank, einer tropischen Kletterpflanze, deren Saft viele Volksstämme des Amazonasgebietes als Rauschmittel zu sich nahmen. Wann immer jemandem ein schweres oder unerwartetes Unglück zustieß, war es die Aufgabe der Verwandten, den bösen, drogenverzauberten *ido* zu identifizieren und sich an ihm zu rächen oder zu verlangen, daß er das Opfer von dem Einfluß der bösen Geister befreie.

Der Ursprung dieser Vorstellungen liegt im dunkeln, läßt sich aber einigermaßen plausibel erklären. Die Waorani haben sich im Gegensatz zu vielen anderen Stämmen des Amazonasgebietes niemals intensiv mit Heilmitteln beschäftigt. Es fehlt an Beweisen, daß sie überhaupt je mit Drogen experimentiert haben; um so mehr muß es sie erschreckt und verwirrt haben, ein abweichendes Verhalten bei jemandem zu beobachten, der unter dem Einfluß einer Droge wie *ayahuasca* stand, die einem das Gefühl verleihen kann zu schweben.

Überall in der Welt lassen sich Fälle von Hexenjagd finden, die auf irrationalen Ängsten und Unwissenheit beruhen. Sehr wahrscheinlich ist hier auch der Waorani-Brauch einzuordnen, einzelne Personen als *idos* zu identifizieren. Wo immer auch der Ursprung dieser Denkweise liegen mag, so wissen wir doch, daß es bei ihnen eine weitverbreitete Praxis war, unerwartetes Mißgeschick irgendeiner Person anzulasten und es damit zu erklären. Bei der Suche nach einem Sündenbock, einem *ido*, verfielen Verwandte des Opfers nur zu leicht auf den Gedanken, einen Feind der Familie zu verdächtigen, auch wenn der Konflikt mit ihm schon Generationen zurücklag. So blieb das Racheprinzip stets lebendig, und immer dann, wenn ein Stammesgenosse plötzlich erkrankte, verwundet wurde oder starb, mußte ein ahnungsloser Waorani damit rechnen, als *ido* gebrandmarkt und getötet zu werden. Vielleicht forderten zornige Verwandte ihn auch auf, dem armen Opfer zu helfen. Doch selbst wenn das gelang, konnte er keineswegs sicher sein, der Rache der Verwandten zu entgehen. Indem er sich zur Hilfe bereit erklärte, hatte er ihren Verdacht, ein *ido* zu sein, nur verstärkt, und früher oder später würden sie ihn ohnehin töten.

Ein an und für sich unbedeutender Vorfall, den Yost bei einem früheren Besuch unserer Gruppe beobachtet hatte, verdeutlichte, wie die Furcht vor übernatürlichen Kräften gewalttätige Reaktionen auslösen konnte. Was war geschehen? Ein Kind war einer Krankheit erlegen. Der Vater, der jetzt bei der Yasuni-Gruppe lebte, behauptete aufgebracht, Menga mit seinen *ido*-Praktiken sei dafür verantwortlich. Glücklicherweise wiesen alle anderen Mitglieder der Gruppe dies als reinen Unsinn zurück und konnten den Vater daran hindern, übereilt zu handeln. Doch zeigte das Ereignis, in welcher Gefahr ein Mann wie Menga schwebte, der ja etwas abseits von der Hauptgruppe lebte.

Auf meine Frage, ob sie einen *ido* kennen würden, antworteten meine Freunde in Dyowetomi, bewußt oder unbewußt, nur ausweichend. Ältere Stammesangehörige mieden das Thema geflissentlich; offensichtlich waren sie noch nicht frei von solchen alten Ängsten und glaubten, daß das Eingeständnis, von solch okkultem Treiben zu wissen – oder auch nur die Wirkung von *ayahuasca* zu kennen –, schon

Ein neues Armband, unter das einige Federn der Harpyie gesteckt sind, hebt sich leuchtend von der schwarzen Körperbemalung eines Waorani ab. Solche Armbänder werden, meist zu festlichen Anlässen, auf kleinen, hölzernen Webstühlen hergestellt (oben); Baumwollstreifen werden mit grobem Raffia-Bast gekettelt und bilden so ein haltbares Material.

bedeute, daß sie sich mit den bösen Geistern eingelassen hätten. Gleichzeitig aber konnte ich mich des Eindrucks nicht erwehren, daß die jüngeren Waorani Geschichten von *ido*-Zauberei eher als amüsante Märchen oder schlicht als nicht zeitgemäßen Unsinn abtaten.

Als wir uns eines Tages mit einer Reihe von Erwachsenen und Kindern im Dschungel aufhielten, deutete Nyama auf eine unscheinbar wirkende Kletterpflanze, die an einem Baumstumpf wuchs. „Das ist eine *ayahuasca*", bemerkte er beiläufig. Sogleich griff sich Kome einige der dunkelgrünen Blätter und versuchte im Spaß, sie Wenae in den Mund zu stecken. Ein wildes Spiel nahm seinen Anfang; bald rollten alle Kinder durch das Unterholz und versuchten, sich gegenseitig die berüchtigte Pflanze in den Mund zu stecken. Offenbar hatten für sie die überlieferten Geschichten von den bösen Zauberkräften dieser Pflanze jede Überzeugungskraft verloren.

Seit der Errichtung des Protektorats und seit Beginn der Missionarstätigkeit auch über seine Grenzen hinaus ist die Anzahl der Rachemorde stark zurückgegangen. Und doch halten sich auch weiterhin tief verwurzelte Ängste und Verhaltensweisen vor allem bei älteren Stammesangehörigen, die aus eigener Erfahrung gewalttätige Auseinandersetzungen kennen. Bei unseren fröhlichen Chonta-Festen in Dyowetomi erfuhren wir, daß einige unserer Freunde nicht nur selbst in tödliche Fehden verwickelt gewesen waren, sondern auch einen Rachemord mit dem Speer immer noch als verständliche Reaktion für den Fall akzeptierten, daß sich irgendeine Gruppe bedroht fühlte.

Kaempaede hatte zwar selbst nie jemanden getötet, doch konnte er uns stundenlang blutrünstige Geschichten aus der Vergangenheit seiner Familie erzählen. Sich in der Hängematte rekelnd und nur ab und zu innehaltend, um nach mehr *tepae* zu verlangen, berichtete er, wie er einst mit einigen wenigen anderen Waorani ohne alle Konflikte in Gabado gelebt hatte, einer kleinen Ansiedlung etwa 20 Kilometer nordwestlich von Dyowetomi. Auch Menga und Kaempaedes Eltern hatten dieser Gruppe angehört. Schließlich bekamen sie Nachbarn – Stammesgenossen, die vor den Kämpfen in einem weiter westlich gelegenen Gebiet geflüchtet waren. Die Lebensräume der beiden Gruppen überschnitten sich, doch lange Zeit ging alles friedlich zu, ja es kam sogar zu Heiraten unter den Mitgliedern der beiden Gruppen. Im Jahre 1971 starb jedoch ein Kind eines der Flüchtlinge an irgendeiner Krankheit, und der Vater, ein älteres Stammesmitglied namens Wepe, kam zu dem Ergebnis, daß dies das Werk böser Geister gewesen sei, die Kaempaedes Vater Baiwa als *ido* herbeigerufen habe. In Begleitung eines Verwandten machte Wepe sich auf den Weg, Rache an Baiwa zu nehmen.

„Wir lebten damals in Frieden, wir fällten Bäume", sagte Kaempaede. „Ich lebte nicht bei meinem Vater, sondern in einer anderen nahe gelegenen Hütte. Meine Tante Bobo war aus Wepes Gruppe zu meinem Vater übergesiedelt, und mein Vetter Dyuwi war bei ihnen zu Besuch. Eines Abends, es regnete in Strömen, kamen Wepe und sein Vetter, und am anderen Tag kamen andere zu der Hütte in der ich lebte, und sagten: ‚Wepe ist gekommen und hat deine Eltern getötet!' Es war kurz nach Tagesanbruch, und der Regen hatte noch nicht nachgelassen. Ich rannte hinüber, um zu sehen, was los war. Ich fand meine Eltern tot – drei Speere bei jedem von ihnen! Bobo hob schon ein Grab aus, und Dyuwi war noch da und schaukelte in seiner Hängematte. Wir zogen die Speere heraus und steckten sie in den Boden, dann gingen wir und erzählten den anderen, was geschehen war.

„Alle liefen jetzt schnell weg, ehe der Himmel sich rot wie Blut zu färben begann. Wir alle weinten den ganzen Tag – ich, Menga und alle unsere Frauen und Kinder. Wir nahmen unsere Blasrohre, Pfeile und Kapok an uns sowie eine Axt, Hängematten und Reibhölzer. Wir lebten im Dschungel, gingen auf die Jagd und

Eine Harpyie sitzt angebunden unter einem eigens angefertigten Schutzdach und wacht über die Ansiedlung (oben). Diese Adlerart stößt schrille Schreie aus, sobald sich Fremde nähern; ursprünglich sollte der Raubvogel vor feindlichen Angriffen warnen, doch auch heute noch, wo solche Gefahr nicht mehr droht, schätzen die Waorani ihn wegen seiner Kraft und seiner majestätischen Erscheinung.

sammelten Früchte und verhungerten fast, weil wir kein Maniok hatten. Dann bauten wir eine neue Hütte und bewachten sie. Dann zogen wir zurück nach Gabado und lebten wieder in Frieden, pflanzten Maniok und jagten Brüllaffen."

Wenig später ließen sich Wepe und einige andere von Fremden überzeugen, ins Protektorat überzusiedeln. Doch mehr als 40 Angehörige seiner Gruppe blieben im Gebiet nördlich von Gabado, wo sie in Frieden lebten, bis irgendwann im Jahre 1976 zwei Verwandte von Wepe – jugendliche Hitzköpfe namens Pego und Ompodae – Fußspuren von Menschen im Dschungel entdeckten. Sie wähnten, von etwa einem Dutzend Waorani verfolgt zu werden, die als eigenständige Gruppe irgendwo weiter westlich lebten; und sie beschlossen, deren Angriff zuvorzukommen. Sie spürten diese kleine, isolierte Gruppe auf, schlichen sich in der Nacht an ihre Ansiedlungen heran und töteten zwei Männer.

„Sie haben es heimlich getan, diese beiden", fuhr Kaempaede fort, der an den Vorfall noch immer voller Abscheu zurückdachte, da er Unfrieden zwischen den letzten drei außerhalb des Protektorats lebenden Waorani-Gruppen gestiftet hatte. „Es geschah, als die Chonta-Zeit fast vorüber war und der Mond so am Himmel stand wie jetzt. Wir feierten gerade ein Fest wie dieses, mit Tanzen und Singen, als Pego und Ompodae kamen, um mit uns zu trinken. Sie sagten nicht, was sie getan hatten. Doch waren ihre Augen vor Müdigkeit so rot wie die Samen der Achiote-Frucht, und Nyama brachte sie zum Reden. Danach hörten wir Geräusche aus dem

Eine Frau mit einem Kind in der Tragschlinge nimmt sich gegen die üppige Vegetation geradezu zwergenhaft klein aus. Sie befindet sich auf dem Weg zu einem

Maniok-Feld. Die Waorani haben keine Vorstellung von einer Welt außerhalb des Dschungels und denken sich den Himmel als Regenwald über den Wolken.

Dschungel, Geräusche wie den Ruf des Hokkos und den des Klammeraffen. Wir wußten, daß dies nicht wirklich Tiergeräusche waren, sondern daß die andere Gruppe ihren Angriff vorbereitete. Deshalb sicherten wir das Haus und bewachten es die gesamte Nacht über."

Kaempaedes Gruppe schien nicht das erklärte Ziel der Attacke zu sein, doch hätte auch sie betroffen sein können, da sie so dicht bei den Mördern lebte und diesen bei einem Chonta-Fest Gastfreundschaft gewährt hatte. Tatsächlich rächte sich die kleine Waorani-Gruppe nur an den eigentlich Schuldigen. Ompodae und sein Sohn wurden schwer verwundet, doch Pego, der sich zum Zeitpunkt des Angriffs auf der Jagd befand, kam ungeschoren davon. „Mord und dann Rachemord!" sagte Kaempaede. „Danach fällten wir unsere Chonta-Bäume, brannten unsere Hütten nieder und siedelten über nach Dyowetomi."

Er leerte seine Kürbishälfte *tepae,* lehnte sich in der Hängematte zurück und schloß die Augen. Jim Yost vollendete seinen Bericht. Nach dem Rachemord verließen auch die übrigen Mitglieder von Wepes früherer Gruppe das Gebiet um Gabado und zogen in Richtung Yasuni nach Osten. Unabhängig davon lebte die kleinste Waorani-Gruppe weiterhin isoliert irgendwo im Westen. Im Jahre 1977 machte sie zum letztenmal von sich reden, als man sie für den Tod von drei Ölsuchern verantwortlich erklärte, die sich in das Jagdgebiet der Waorani vorgewagt hatten. Manch einer in Kaempaedes Familie lebte immer noch in der Furcht, daß diese Gruppe noch einmal angreifen könnte, um Pegos und Ompodaes Untat endgültig zu rächen.

Solche Ängste mochten auch bei unserer Waorani-Gruppe durchaus vorhanden sein, doch zeigten sie sich zu keinem Zeitpunkt des Chonta-Festes in Dyowetomi. Abend für Abend wurde aufs neue getanzt, gesungen und Chonta getrunken; und die Feierlichkeiten erreichten ihren Höhepunkt, als sich auch Menga und seine Familie dazugesellten. Sie waren sehr traditionsbewußt, und ihre Ankunft bot ein prächtiges Schauspiel, als sie im vollen Schmuck der Waorani hintereinander über einen langen, umgestürzten Baumstamm zogen, der vom Dschungel zu den am Hang gelegenen Feldern unterhalb der beiden Hütten führte.

Menga hatte sich mit zwei Stirnbändern geschmückt, das eine aus Raffia-Bast, das andere aus gelben und roten Hokkofedern, die um einen Palmfaserstiel geflochten waren. Eine riesige weiße Feder, die von einer Harpyie stammte, zierte außerdem dieses Band, und als Ohrschmuck dienten große, mit Lehm geweißte Balsa-Scheiben. An jedem Arm trug er ein Band, das aus Baumwolle, Raffia-Bast sowie aus einigen Strähnen seines dunklen Haares und roten Tukanfedern geflochten war. Dazu hatte er sich die Arme mit schwarzen, zickzackförmigen Linien und Punkten bemalt, und seine Beine waren mit einem schwarzen Fleckenmuster, ähnlich dem eines Jaguarfells, bedeckt. Sein Rücken, von den Schultern bis zum Gesäß, war ein einziges schwarzes Farbband, das nach unten spitz zulief, um die Hüfte zu betonen. Ein neues Hüftband aus weiß gefärbter Baumwolle hob sich vom Schwarz der Körperbemalung deutlich ab.

Mengas prachtvolle Erscheinung forderte jedermann heraus, es ihm gleichzutun, und so bemalten sich auch andere Waorani mit roter Achiote-Farbe und einem schwarzen Farbstoff, den man herstellte, indem man Kohlestückchen aus der verglimmenden Glut eines Feuers im Saft einer harten, ungenießbaren Frucht, der *Genipa americana,* auflöste. Die Mädchen hatten ihren Rücken mit einem Muster verziert, das an einen sechsarmigen Kerzenleuchter erinnerte. Wie Menga hatten sich alle Jungen für einen kräftigen schwarzen Farbfleck auf dem Rücken entschieden, den traditionellen Schmuck der Männer. Ihre Stirn- und Armbänder, mit den feinsten Federn geschmückt, fanden allgemeinen Beifall.

Unser letztes, die ganze Nacht währendes Fest begann kurz vor Sonnenuntergang mit den üblichen Tänzen: Man stampfte, lief und sprang und verlangte anschließend mehr *tepae;* die Hütte war von Stimmengewirr, Lachen und Singen erfüllt. Eine solche Feier durchzuhalten erforderte einige Anstrengung. Gegen Ende war unsere Unterhaltung von Bemerkungen durchsetzt wie: „Bald wird die Sonne scheinen! ... Dämmert nicht schon der Morgen?" Endlich drangen die ersten Lichtstrahlen durch das Dach der Hütte. Die Kinder waren längst eingeschlafen, doch die meisten Erwachsenen hatten durchgehalten.

Urplötzlich begannen die Männer – ohne Rücksicht auf die Schlafenden – mit vermehrter Lautstärke zu singen, aber keiner von denen, die sie aufweckten, beschwerte sich darüber. Ihr Lied war ungewöhnlich. In einem leichten, mitreißenden Rhythmus folgte Strophe auf Strophe, und der Chor der Männer sang mit immer höherer Stimme, nach jeder Strophe um einen Viertelton höher, so daß der Gesang sich zu höchster Spannung steigerte.

„Blätter können meine Pfeile nicht aufhalten, ich werde den Affen erlegen", sangen sie. „Jetzt fällt eure Bäume, fällt eure Bäume, fällt eure Bäume!" Tedikawae schien jeweils die neue Strophe anzustimmen und eröffnete auch den Schlußrefrain: „Alles unter uns teilend, tragen wir Fleisch von Hütte zu Hütte." Dann, mit einem plötzlichen Übergang zu Sechzehntelnoten, nahm das Lied sein Ende, und eine völlige Stille trat ein. In der morgendlichen Ruhe des Dschungels wurde mir deutlich, daß die bewegenden Worte des Liedes die schlichte Lebensweise dieses Volkes wunderbar zum Ausdruck brachten, eines Volkes, bei dem ich mich kurze Zeit aufgehalten und dessen Freundschaft ich gewonnen hatte.

Unsere Zeit bei den Waorani ging dem Ende entgegen. Am folgenden Abend waren wir zurück am Cononaco und warteten auf die Ankunft unseres Flugzeuges. Wegen eines heftigen Regensturmes hatte es sich 24 Stunden verspätet, doch wir saßen ohne jede Beunruhigung draußen in sternklarer Nacht zusammen mit Menga, Kaempaede und einigen anderen Waorani, die uns verabschieden wollten. Ihre zwanglose, heitere Lebensweise ließ keine Gedanken an Hast und Eile aufkommen. „Das ist der Himmel des Tapirs!" sagte jemand, zur Milchstraße zeigend. Seine Worte riefen mir ins Bewußtsein zurück, daß die Vorstellung der Waorani vom Leben nach dem Tode ein Spiegelbild ihres Lebens auf der Erde darstellt. Für die Waorani nahm das Leben als Dschungelbewohner kein Ende. Nach dem Tod mußten sie sich nur über die riesige Anakonda schwingen, die den Pfad zum Himmel versperrte, dann würden sie bei Waengongi sein und bis in alle Ewigkeit Bäume fällen, Felder anlegen, auf die Jagd gehen, *tepae* trinken und sich in ihren Hängematten wiegen.

Bibliographie

Baumann, Peter, Erwin Patzelt: *Menschen im Regenwald. Expedition Anka.* Droste Verlag, Düsseldorf 1975

Blomberg, Rolf: *The Naked Aucas.* George Allen & Unwin Ltd., London 1956

Butler, Thomas: *Birds of Ecuador and the Galapagos Archipelago.* Ramphastos Agency, Portsmouth, New Hampshire 1979

Elliot, Elisabeth: *Through Gates of Splendor.* Harper & Brothers, New York 1957

Graaf, Fritz W., Up de: *Headhunters of the Amazon.* Herbert Jenkins Ltd. 1923

Kingsland, Rosemary: *A Saint among Savages.* William Collins Sons & Co. Ltd., London 1980

Larrick, James W., James A. Yost, Jon Kaplan, Garland King, John Mayhall, „Patterns of Health and Disease Among the Waorani Indians of Eastern Ecuador.“ Medical Anthropology, Bd. 3, Nr. 2, Frühjahr 1979

Lindig, Wolfgang, Mark Münzel: *Die Indianer. Kulturen und Geschichte der Indianer Nord-, Mittel- und Südamerikas.* Wilhelm Fink Verlag, München 1976

Meggers, Betty J.: *Amazonia: Man and Culture in a Counterfeit Paradise.* AHM Publishing Corporation, Arlington Heights, Illinois 1971

Ortiz de Villalba, Juan Santos: *Los ultimos Huaorani.* Centro de investigaciones culturales de la Amazonia Ecuadoriana, Quito 1980

Patzelt, Erwin: *Fauna del Ecuador.* Imprenta Europa Cia, Quito 1979

Rodriguez de la Fuente, Félix: *Animals of South America.* Orbis Publishing Ltd., London 1975

Wallis, Ethel Emily: *Aucas Downriver.* Hodder & Stoughton, London 1973

Wallis, Ethel Emily: *The Dayuma Story.* Hodder & Stoughton, London 1961

Whitten, Norman E., jr.: *Amazonian Ecuador: An Ethnic Interface in Ecological, Social, and Ideological Perspectives.* International Work Group for Indigenous Affairs, Dokument 34, Kopenhagen 1978

Zerries, Otto: *Die Indianer der Wälder und Savannen.* Völkerkunde der Gegenwart, Bd. Südamerika, Berlin 1974

Danksagungen und Quellennachweis der Abbildungen

Autor und Herausgeber sind zu besonderem Dank verpflichtet: Patricio Alarcón; Veronica Barrafutti; Michael Brown; Maxine Eddy; Olga Fisch; Neyla Freeman; Enrique Grosse-Lümern; Brian Guthrie; Patricia Kelley; Sarita Kendall; Library of the Museum of Mankind, London; Presley Norton; Samuel Padilla; Duncan Petersen; Catherine Peeke; David Philcox; Simon Rigge; Timothy Ross; Royal Botanic Gardens, Kew, Richmond, Surrey; Brian Thomas; Dave Underwood; Bernard Wiesner.

Die Quellen der Abbildungen sind unten nachgewiesen. Die Namen der Photographen und Zeichner sind in der Reihenfolge der Seitenzahlen aufgeführt; falls erforderlich, ist auch die Anordnung der Bilder auf den Seiten ausgewiesen.

Alle Photos von John Wright außer: John Man, 4 – Mitte. James Yost, Einband (Hintergrund), 16–17, 130 – unten, 155 – rechts. Abbildungen in alphabetischer Reihenfolge: Karten von Terry Allen, John Blake und Nicholas Skelton für Creative Cartography Ltd., 22–23. Karte auf dem Vorsatzblatt von Engineering Surveys Reproduction Ltd. Dschungeldarstellung von Anna Pugh, 60–61.

Register

Kursiv gesetzte Seitenzahlen verweisen auf Abbildungen zum betreffenden Stichwort.

Farbreproduktionen: Essex Colour Ltd, Essex, England
Reprosatz: Alfred Utesch GmbH, Hamburg
Druck und Einband: Brepols S.A., Turnhout, Belgien